... rund ums Haus

Karl Ludwig
Rüdiger Weddige

Dachgärten und Balkone

Wohnräume unter freiem Himmel
Ideen, Anlage, Beispiele

Callwey

DANK

allen Architekten und Landschaftsarchitekten, die uns Unterlagen ihrer Objekte und Planungen zur Verfügung stellten,
allen Bauherren und Bewohnern, denen wir oder andere zum Fotografieren auf den Balkon oder das Dach steigen durften,
allen, die im Verlag mit unendlicher Geduld und eisernen Nerven an der Entstehung des Buches beteiligt waren, allen voran Helmuth Baur-Callwey als Verleger sowie Roland Thomas, Andrea Hölzl und Helga Vesper.

Abbildung Seite 2:
Ein privates Refugium in der Dachschräge - bepflanzt unter anderem mit Hornklee und Strauchmargeriten (vorne), Bougainvillea und Wacholder (dahinter) und gerahmt von Waldreben (links) und Wildem Wein (rechts).

Die Deutsche Bibliothek - CIP-Einheitsaufnahme
Dachgärten und Balkone: Wohnräume unter freiem Himmel; Ideen, Anlage, Beispiele / Karl Ludwig; Rüdiger Weddige. - München: Callwey, 1993.
(. . . rund ums Haus)
ISBN 3-7667-1062-5
NE: Ludwig, Karl; Weddige, Rüdiger

Umschlagentwurf Baur + Belli Design, München, unter Verwendung der Abbildung 151
Lithos Koford, Singapur und Longo, Frangart/Bz.
Satz Edith Mocker, Eichenau b. München
Druck und Bindung Ludwig Auer, Donauwörth
Printed in Germany
ISBN 3-7667-1062-5

INHALT

INHALT

INHALT

VORWORT

HÄUSER SIND KÜNSTLICHE WELTEN

Häuser sind konstruierte Gegenstände, die es den Menschen erlauben, auch in einem Klima zu existieren, das sonst ihrer Gesundheit nicht besonders zuträglich wäre. Es sind keine soliden Baukörper, sondern Hohlräume, und was wir wahrnehmen und fotografieren, ist nur eine relativ dünne Haut - das Dach und die Wand -, die den klimatisierten Innenraum gegen die unwirtliche Außenwelt abschirmt. Auch die »Vermehrung des Bodens« durch Übereinanderstapeln von Bodenflächen in mehreren Geschossen ist konstruiert und damit künstlich. Häuser sind also relativ künstliche Welten.
Die schützende Haut hat Augen, die Fenster, um Aus- und Einblicke zu gewähren, um das Tageslicht in die Räume zu leiten, hat Poren zum Luft- und Feuchtigkeitsaustausch, hat Türen, um in die natürliche Welt des Gartens zu treten. Die Oberfläche wird durchstoßen, mit Vorsprüngen und Rücksprüngen wie Nasen und Mundhöhlen - um hinausschauen zu können, ohne gesehen zu werden, wie bei den maurischen Häusern; um hineinzutreten in die öffentliche Welt der Straße, nämlich in die Erker, von wo aus man in geschützter Atmosphäre in die Tiefe der Straßen Ausblick hat; oder hinauszugehen auf Balkone, die es gestatten, in oberen Stockwerken - man beachte das komplizierte Wort für die Künstlichkeit der Anlagen - rasch unmittelbaren Kontakt mit der natürlichen Welt aufnehmen zu können, die Sonne zu genießen, wenn sie scheint. Um mehr von dieser Natur zu erleben, auch in winterlichen Zeiten, ziehen wir Loggien ein. Um die Natur zu simulieren, bilden wir Terrassen aus und bepflanzen unsere Dächer. Die jüngsten Errungenschaften, um die Natur zu uns zu holen, sind die Gärten für den Winter, die Wintergärten.

Diese Öffnungen, Höhlungen, Vorsprünge mit transparentem Wintermantel machen das architektonische Erscheinungsbild aus. Die Hülle selbst ist das Abweisende, Abschließende, das Monumentale, die Selbstdarstellung einer Form. Je mehr die Kunst des Öffnens und die Technik voranschreiten - ohne die Errungenschaften von Stahl und Glas wäre die Transparenz und wären die kühnen Konstruktionen nicht möglich -, um so leichter wird die Architektur erscheinen, um so offener wird sie sich darbieten. Und ihre Dienste sind nicht nur auf physiologisches Wohlbefinden ausgerichtet. Vielmehr haben diese architektonischen Überlebenshilfen zu tun mit psychologischen Bedürfnissen, dem Wunsch, mit den Nachbarn, mit der Öffentlichkeit in Beziehung zu treten. Die aufbrechenden Formen der letzten Jahre sind eine revolutionäre Hinwendung zu einer Architektur der Öffnung, führen weg von der Monumentalität geschlossener Formen.
So ist in den vergangenen Jahren manches entwickelt worden, was eine neue Ära einzuleiten verspricht. Dabei darf nicht vergessen werden, daß die dritte Phase der Moderne ihre Impulse aus dem Bemühen bezieht, erneuerbare Energien zu finden: Das Solarzeitalter wirkt sich epochemachend auf die Architektur aus, auf das Wohlbefinden des einzelnen Menschen, der Gemeinschaft *und* der Natur.

Professor Erich Schneider-Wessling

EINFÜHRUNG

WOHNEN ZWISCHEN HIMMEL UND ERDE

Mehr als andere Baudetails an unseren Häusern künden Balkone und Dachgärten von der uralten Lust und Sehnsucht der Menschen nach Licht, Luft und Sonne. Sie erweitern und verlängern die Wohnung ins Freie, laden vor allem in der warmen Jahreszeit dazu ein, auch draußen zu wohnen. Sie beleben die sonst oft so abweisenden Fassaden und Dächer der Häuser und offenbaren dabei, wenn auch nur flüchtig, etwas von deren Innenleben und dem ihrer Bewohner. Nicht selten nur wenige Quadratmeter groß, verbinden sie nicht allein das Drinnen mit dem Draußen, sondern schaffen in luftiger Höhe zwischen Himmel und Erde eine eigene, ganz private Welt. Ist diese dann noch von Blättern und Blüten gerahmt und überwachsen, sprechen viele gerne von ihrem »grünen Zimmer«.

Balkone und Dachgärten sind Zimmer im Freien. Längst gelten sie nicht mehr als Luxus, sondern vielen als ein Grundbedürfnis: der kleine Freiraum im Alltag, den immer mehr Menschen suchen. Schon ein kurzer Blick in den Immobilienteil der Tageszeitung kündet augenfällig von ihrer wachsenden Beliebtheit. Vor allem in Städten, wo viele ohne Gärten oder privat nutzbare Freiräume leben und wohnen. Direkt von der eigenen Wohnung aus zu erreichen, sind Dachgärten und Balkone die ideale Plattform für das Wohnen unter freiem Himmel. Dort findet der Frühstückstisch ebenso Platz wie ein Liegestuhl oder das Trockengestell für die Wäsche, dort kann man ungestört sitzen und sich sonnen, feiern und speisen, faulenzen oder arbeiten, gärtnern oder spielen - oder auch nur neugierig das beobachten, was in der Nachbarschaft so alles passiert. Richtig angeordnet und gestaltet, sind sie private Nischen und familiäre Refugien in der Öffentlichkeit: Sie lassen teilhaben am sozialen Leben auf der Straße oder in der Umgebung, ohne den Schutz der Privatsphäre verlassen zu müssen. Sie bieten Ausblicke ohne Einblick. Zugleich tragen sie aber auch zur Gestaltung des Wohnumfeldes und zur Belebung der gesamten Stadt bei: Mit der Anlage von Dachgärten und Dachterrassen lassen sich ungenutzte und biologisch tote Stadtoberflächen zu begeh- und bewohnbaren Freiflächen aktivieren und umnutzen, mit Balkonen und Loggien langweilige Hausfassaden und monotone Straßenzüge unverwechselbar gestalten. Sie sollten dabei allerdings nicht zur bloßen Meterware verkommen - denn standardisierte 08/15-Lösungen lassen einen Balkon oder Dachgarten niemals zu dem werden, was er eigentlich sein sollte: ein leichtes Architekturelement, zum Be-Leben und Be-Wohnen erdacht und gemacht.

Dieses Buch handelt von der Anlage, Gestaltung und Nutzung solcher wohnungsbezogener Freiräume an und auf Gebäuden und Häusern. Da gebaute Beispiele das beste Anschauungsmaterial sind, steht die Dokumentation realisierter Projekte im Mittelpunkt der Darstellung - vom begrünten, wie ein Schwalbennest an der Hauswand klebenden Mini-Balkon über luftig-transparente Sonnenbalkone und -galerien bis zu in und hinter üppigem Grün versteckten Balkonlauben. Von den auf allerlei An- und Vorbauten angelegten Dachterrassen über extensiv begrünte Dachflächen und intensiv gestaltete Dachgärten bis hin zur durchgehend begrünten Dachlandschaft. Ergänzend und einleitend dazu werden kurz allgemeine und planungspraktische Aspekte beschrieben: einiges aus der Baugeschichte von Balkonen und Dachgärten, wichtige bautechnische Grundlagen sowie einzelne, für die Gestaltung und Nutzung wichtige Elemente wie zum Beispiel Geländer, Bepflanzung oder Sicht- und Wetterschutz.

Mit dieser Sammlung aktueller Beispiele will das Buch aber keine fertigen Lösungen im Sinne kopierfähiger Vorlagen liefern, sondern Bauherren und Planern vor allem Anregungen für eigenes Denken, Planen und Bauen geben. Denn wie in jedem Haus und jeder Wohnung die Menschen sich unterschiedlich einrichten und wohnen, sollten auch bei der Anlage und Gestaltung von Balkonen und Dachgärten individuelle Lösungen gesucht werden. Gefragt sind hierbei vor allem die eigene Kreativität und Phantasie. Sie zu stimulieren ist Sinn und Zweck dieses Buches.

1 *Verdankt seine Entstehung der Lust nach Licht, Luft und Sonne: Ein Balkon in Hannover, nachträglich einem Wohnhaus vorgebaut.*

2 *Lädt ein zum Wohnen unter freiem Himmel: Ein lauschig-romantischer Sitzplatz mit Panoramablick hoch über den Dächern der Stadt.*

BEGRIFFE UND BAUFORMEN

Freisitze an und auf Häusern sind keine Entdeckung oder Entwicklung der Moderne, sondern spätestens seit den urbanen Hochkulturen der Antike bekannt. Der Formenreichtum, der sich im Laufe der Baugeschichte dabei bis heute herausgebildet hat, scheint fast unerschöpflich. Dazu haben unterschiedliche klimatische Vorgaben ebenso beigetragen wie regionale Besonderheiten und Variationen oder architektonische Moden und Trends. Im Prinzip läßt sich alles baulich und begrifflich auf vier Grundformen zurückführen: den Balkon, die Loggia, die Dachterrasse und den Dachgarten.

DER BALKON

Das klassische Beispiel eines wohnungsbezogenen Freisitzes am Haus ist der Balkon. Ganz allgemein versteht man darunter eine vor dem oberen Geschoß eines Bauwerkes liegende Plattform, die von dort begehbar und durch eine Brüstung oder ein Geländer begrenzt oder gefaßt ist. Sie ruht auf Konsolen, aus der Fassade auskragenden Trägern oder dieser vorgestellten Stützen und ist sowohl seitlich als auch nach oben offen. Bedingt durch die Mehrgeschossigkeit vieler Bauten sind Balkone heute nicht selten überdacht, zum Beispiel durch die Bodenplatte des darüberliegenden Balkons, ohne daß es deswegen zu einem neuen Begriff oder Namen gekommen ist.
Der Begriff »Balkon« wird im deutschen Sprachraum seit dem 18. Jahrhundert im heutigen Sinne verwendet. Er leitet sich ab vom französischen »balcon« und hat sich erst seit den napoleonischen Kriegen im bürgerlichen Sprachgebrauch eingebürgert. »Balcon« seinerseits wird zurückgeführt auf das italienische »balcone«, das im Sinne von »Balkengerüst« wiederum vom langobardischen »balco« abgeleitet ist.

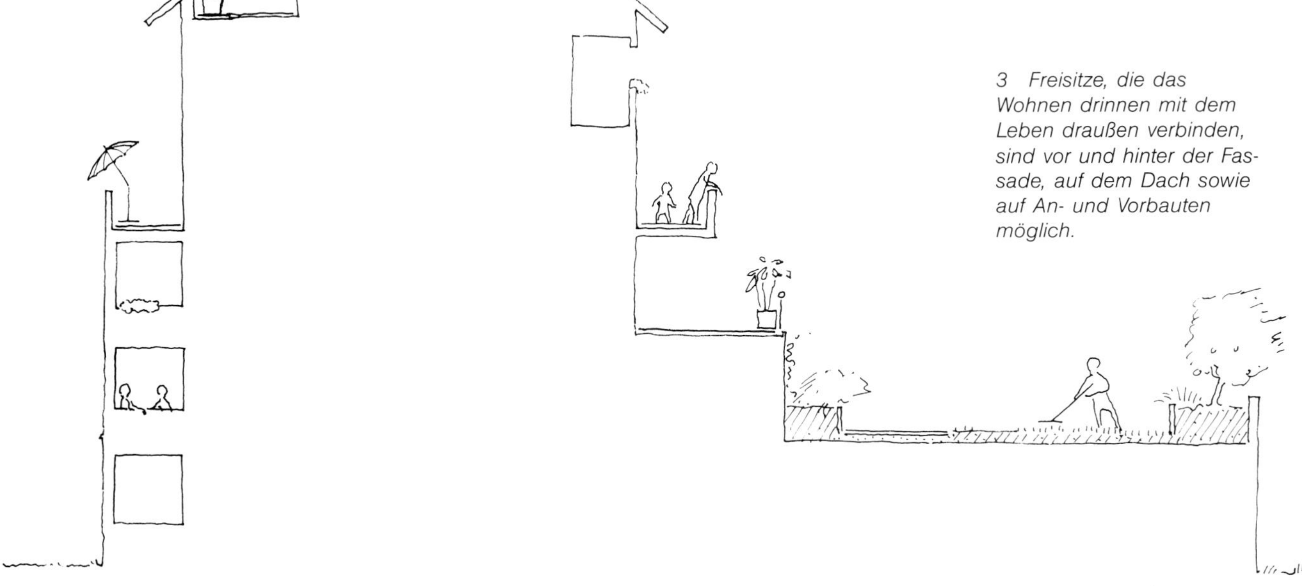

3 Freisitze, die das Wohnen drinnen mit dem Leben draußen verbinden, sind vor und hinter der Fassade, auf dem Dach sowie auf An- und Vorbauten möglich.

4 Luftig und sonnig vor der Fassade: der Balkon.

Der Balkon als Baudetail und -form ist allerdings mit Sicherheit nicht erst in Italien, sondern vermutlich schon weit früher in Indien und Südasien entstanden. Abbildungen und Beschreibungen aus der Zeit um und vor Christi Geburt zeigen Fensteröffnungen und erkerartige Vorbauten an indischen Häusern, die mit kunstvoll hergestellten Holzgittern teilweise oder auch vollständig gefaßt sind. Neben der zweifellos dekorativen Wirkung waren es wohl besonders funktionale Gründe, die für diese bauliche Entwicklung maßgeblich waren. Gitterbalkone halfen in dem heißen Klima das Gebäude klimatisieren und öffneten zugleich das Haus - denn bis dahin besaßen Häuser nur kleine Fensteröffnungen, die keinen Blick nach draußen erlaubten. Von Indien aus verbreiteten sie sich im arabisch-islamischen Kulturkreis, denn sie erlaubten unter anderem den von der Außenwelt abgeschirmten Frauen, beobachtend am Leben außerhalb des Hauses teilzunehmen, ohne selbst gesehen zu werden.
Mit der Ausdehnung des Osmanischen Reiches verbreiten sich Balkone und Balkonerker über alle Küstenländer des Mittelmeeres. Und ab dem 14. Jahrhundert findet sich der »balkenvorsprung, auf dem man eines standes im freien zur aussicht genieszt« (Grimms Wörterbuch 1854) auch nördlich der Alpen. Er wird Schritt um Schritt aufwendiger gestaltet, doch erst die italienische Renaissance verhilft ihm zu umfassender Bedeutung. Bedingt durch das eher gemäßigte Klima in unseren Breiten, verändert sich allerdings die Form des Balkons: das ursprünglich geschoßhohe Holzgitter wird auf die Höhe einer Brüstung reduziert, um dort so viel wie möglich Sonne und Wärme einzufangen.
Der Balkon als ein aus der Fassade herausragendes begehbares Bauteil wurde zunächst an adeligen oder herrschaftlichen Bauwerken als schmückendes und repräsentatives Element der Fassadengliederung verwendet. Erst mit Beginn des 19. Jahrhunderts fand er dann Eingang in den Formenkanon bürgerlichen Bauens. In diese Zeit fallen auch die ersten zögerlichen Ansätze, Balkone zu begrünen und bewohnen. Oft war damit eine schöne Aussicht in die Umgebung verbunden; diese wandelte sich durch die stetig wachsenden Städte dann allerdings bald zur bloßen Aussicht in die gebaute Umgebung. Gegen Ende des vergangenen Jahrhunderts gehörte der Balkon bereits zur Standardausstattung gutbürgerlicher Mietshäuser. Davon angeregt, entdeckten und propagierten die Reformbestrebungen für einen sozial engagierten Wohnungsbau den Balkon als Beitrag zum gesunden Wohnen und waren so die Wegbereiter für dessen umfassende Verbreitung. »Balkonien«, die private Idylle auf dem Balkon, war im Begriff zu entstehen. Als mit Beginn des Jahrhunderts in Berlin die ersten - seinerzeit übrigens heftig umstrittenen - Balkonwettbewerbe ins Leben gerufen wurden, entstand in der Folge unter anderem auch der Begriff des Balkongartens und Balkongärtners. Ihm verdanken wir (über alle seither geführten Architekturdiskussionen hinweg, nach welchen formalen und funktionalen Kriterien ein Balkon anzulegen sei) die Vorstellung vom Balkon als eine Art Gartenersatz oder zumindest als Zimmer im Freien.

5 Liegt geschützt hinter der Fassade: die Loggia.

DIE LOGGIA

Im Gegensatz zum Balkon ist die Loggia ein Freisitz an der Wohnung, der hinter der Fassade oder Hausflucht liegt. Gelegentlich wird daher auch von der Loggia als einem in das Haus eingezogenen Balkon gesprochen. Durch ihre Anordnung bedingt, ist die Loggia im allgemeinen an drei Seiten und oben geschlossen und nur über die Brüstung nach vorne offen. Sie ist gegen Sonne, Wind und Wetter besser geschützt als Balkone, verdunkelt aber zugleich auch die hinter ihr liegenden Räume. Die Einstülpung in die Fassade vergrößert zugleich deren Oberfläche und kann so die Ab- und Auskühlung der angrenzenden Räume in der kalten Jahreszeit fördern. Um diese Nachteile auszugleichen, werden heute Loggia und Balkon gelegentlich so kombiniert, daß Freisitze entstehen, die teils in die Fassade eingezogen sind und teils aus ihr hervorstehen.

Die Bezeichnung »Loggia« stammt ebenso wie der Begriff Balkon aus dem Italienischen. Er findet sich dort ab der Zeit der Spätgotik und der Renaissance als Fachausdruck im Bauwesen und bezeichnet eine »halboffene Bogenhalle, einen nach einer Seite offenen, überdeckten Raum des Hauses«. Damit eng verwandt ist der aus dem Französischen stammende Begriff der Loge, unter dem jedoch ein zu einem großen Innenraum geöffneter, abgesonderter Teil einer Empore in Kirchen, Saalbauten und vor allem Theatern verstanden wird.

Der Begriff »loggia« leitet sich vom germanischen »louba« ab, mit dem ein aus Laub hergestelltes Schutzdach und die mit einem solchen Schutzdach versehene Hütte, die Laube, bezeichnet wurde. Später erweitert sich diese Bedeutung dann in dem Sinne, daß darunter auch ein Vorbau, eine Vorhalle, eine Halle, ein Gang, eine Galerie oder ein Speicher verstanden wurde. Die seit altersher in Regionen wie Altbayern und Tirol an Bauernhöfen üblichen Balkone wurden und werden dort übrigens bis heute als Laube oder Gang bezeichnet. Unter einem weit überstehenden Dach gelegen, dienten sie ursprünglich wohl vor allem dem Trocknen von Erntegut wie Laub- oder Wiesenheu. Da solche Lauben sehr augenfällig die Hausfassade prägen, wurden sie nicht selten auch als Schmuckelemente ausgestaltet. Die Laube war darüber hinaus aber auch Zugang zum Obergeschoß eines Hauses. In Form des Laubenganges oder der Galerie hat diese Idee bis heute ihren Platz.

Die Baugeschichte der Loggia verlief mehr oder weniger parallel zur Entwicklung der Balkone. Erste Hinweise auf ihre Existenz finden sich ebenfalls in den alten Hochkulturen in Vorderasien. Auch Griechen, Etrusker und Römer kannten und bauten bereits Loggien an ihren Häusern. Vor allem die Römer haben dann dazu beigetragen, dieses eher auf südlich-warme Klimata abgestimmte Baudetail auch nördlich der Alpen zu verbreiten. Wie die Balkone, fanden sich Loggien etwa ab dem Mittelalter zunächst an herrschaftlichen Bauten und Palästen, bevor sie auch in der bürgerlichen Baukunst ihren Einzug hielten. In ihrer klassischen Grundform fanden sie in unserem gemäßigten, eher kühlen Klima jedoch nie eine solche Verbreitung wie die Balkone. Erst seitdem verstärkt Dachgeschosse zum Wohnen umgebaut werden, hat die Idee der Loggia in Form eines in das Dach eingeschnittenen Freisitzes wieder an Aktualität gewonnen.

6 *Ein Zimmer unter freiem Himmel: die Dachterrasse.*

DIE DACHTERRASSE

Werden Dächer als tragende Unterkonstruktion zur Anlage von Freisitzen genutzt, spricht man heute allgemein von Dachterrassen. Und das, obwohl diese Bezeichnung genau genommen gar nicht so zutreffend ist. Denn unter dem Begriff »Terrasse« wird im Wohnungsbau vor allem der vor dem Erdgeschoß eines Gebäudes angelegte (Sitz-)Platz verstanden, der durch Erdanschüttung entstand und daher oft leicht erhöht über dem Niveau der Umgebung liegt. In diesem Sinne wurde die Bezeichnung etwa ab Anfang des 18. Jahrhunderts aus dem Französischen ins Deutsche übernommen. Die französische »terrasse« ihrerseits leitet sich vermutlich vom galloromanischen »terracea« ab, einer Kollektivbildung zum lateinischen »terra« = Erde, und wurde schon in dieser Zeit im Sinne von »Erdanhäufung« verwendet.

Um auf Gartenterrassen auch Tisch und Stühle aufstellen zu können, sind sie in der Regel mit einem festen Belag aus Holzplanken oder Steinplatten versehen. Da auch Dachflächen einen trittfesten Belag brauchen, wenn sie als Aufenthalts- oder Wohnraum unter freiem Himmel genutzt werden sollen, fand der Begriff dann wohl Eingang in das Wort Dachterrasse - analog zur Gartenterrasse, aber mit dem Unterschied, daß sich hoch auf dem Dach in der Regel kein Unterbau aus Erde mehr findet.

Grundlegende Voraussetzung für die Anlage von Dachterrassen ist in jedem Fall eine horizontale (Dach-)Fläche. Da in unseren Breiten seit jeher geneigte Dächer gebaut werden, um die regelmäßig auftretenden Niederschläge möglichst einfach und rasch abzuführen, waren noch bis zu Beginn dieses Jahrhunderts begehbare Dachterrassen kaum bekannt. Das änderte sich erst, als die um die Jahrhundertwende aufkommende Moderne es wagte, statt des traditionellen Steildaches nun auch Flachdächer zu propagieren. Sie wurde damit zum entscheidenden Wegbereiter des Gedankens, über ihre bloße Schutzfunktion hinaus Dächer als zusätzliche Ebene zu nutzen. Die Vorbilder dafür lagen vor allem südlich der Alpen, wo seit jeher auch flache Dächer gebaut wurden. Sie haben in den heißen, oft niederschlagsarmen Gegenden von Süd- und Vorderasien nicht nur klimatische Vorteile, sondern boten in den bereits im Altertum dicht bebauten Städten zusätzliche Nutzflächen - sei es nun für (haus-)wirtschaftliche Tätigkeiten oder auch nur zum Schlafen unter freiem Himmel an heißen Tagen. Die frühesten, uns bekannten Beispiele sind heute über 4000 Jahre alt und stammen aus der am Unterlauf des Indus gelegenen Stadt Mohenjo-Daro. Grabungsergebnisse haben gezeigt, daß vom Erdgeschoß der Häuser aus ein oder mehrere Treppen auf das Dach führen, die Dachflächen also regelmäßig genutzt sein mußten. Die Tragkonstruktion selbst bestand vermutlich aus Gewölben oder sparsamen Holzbalkenlagen, auf die Stroh- und Lehmschichten aufgebracht waren.

Von Indien hat sich diese Dachform dann über den gesamten Orient in den Mittelmeerraum verbreitet. Im antiken Rom etwa fanden sich, möglicherweise angeregt durch die seinerzeit bereits spekulativ hohen Grundstückspreise, auf zahlreichen Häusern und Villen statt Gärten zu ebener Erde mit Kübelpflanzen gestaltete Dachterrassen. Welch wichtige Rolle das begehbare Dach in der römischen Architektur spielte, können wir daraus ersehen, daß etwa Vitruv sehr ausführlich die verschiedenen Techniken seiner Ausführung beschreibt. In den Wirren der Völkerwanderung

geriet vieles davon allerdings wieder in Vergessenheit. Erst die italienische Renaissance nahm diese Dachterrassenkultur der Antike wieder auf, und von dort ausgehend fand die Idee dann offensichtlich auch den Weg über die Alpen zu uns. Die ersten Beispiele in Mitteleuropa waren wohl auf die Dachschräge aufgeständerte Konstruktionen und verbanden so das südeuropäische Flachdach mit dem mitteleuropäischen Steildach. Daß die Idee aus dem Süden zu uns kam, belegen auch die seinerzeit üblichen Bezeichnungen Altan und Söller: Altan leitet sich ab vom italienischen »altana« und dies vermutlich von »alto« = hoch, Söller vom lateinischen »solarium« und meint einen zur Sonne hin orientierten Platz oder Raum in oder auf einem Gebäude. Altane und Söller blieben allerdings auf die eher vermögenden Schichten begrenzt und hatten so, obwohl baukonstruktiv einfach herzustellen, nur begrenzt Einfluß auf die weitere Entwicklung.
Erst mit der Erfindung des Stahlbetons gegen Mitte des 19. Jahrhunderts sollten dann die baukonstruktiven Voraussetzungen für eine weitere Verbreitung von Flachdächern gegeben sein. Die Idee des flachen Daches fand vor allem eine breitere Resonanz, als führende Programmatiker der »neuen Architektur« sich von der Vorliebe für das geneigte Dach lösten und das flache Dach zu einem der Grundprinzipien ihrer Theorien machten. Es galt zunächst als außergewöhnlich und fast elitär und provozierte dementsprechend heftige, in ihren Nachwehen bis heute anhaltende Diskussionen. Dabei hat sich wohl kein Architekt stärker und wirkungsvoller für die Nutzung der Dachflächen zum Wohnen eingesetzt als Le Corbusier. Mit seinen für serielles Bauen konzipierten Dom-ino-Häusern legte er nicht nur die gestalterischen und konstruktiven Grundlagen für die moderne Dachterrasse, sondern war auch einer der ersten, der solche Dachflächen zum Wohnen nutzte. Bei der von ihm zwischen 1947 und 1952 gebauten Unité d'Habitation in Marseille gibt es eine rund 2700 qm große Dachterrasse, auf der unter anderem auch ein Kindergarten mit Planschbecken und Spielgarten liegt.

DER DACHGARTEN

Als einziger der großen Pioniere modernen Bauens hat Le Corbusier auch die Idee propagiert und schon frühzeitig realisiert, Dachterrassen so zu begrünen, daß dort richtige Dachgärten entstanden. Darunter versteht man heute Dachflächen, die durch eine intensive Begrünung und Bepflanzung in ihrem Bild und ihrer Nutzung durchaus einem Garten zu ebener Erde ähnlich sind. Über Pflanzkübel und Pflanzbeete hinaus können sie vollflächig mit Bodensubstrat bedeckt und dabei je nach Stärke des Unterbaus sogar mit kleinkronigen Bäumen bepflanzt sein.
Auch wenn Le Corbusier und andere die ersten großen Verfechter von Dachgärten in unserem Jahrhundert waren, ist diese Idee doch keine Erfindung von ihnen, sondern schon vorher bekannt. So hatte gegen Ende des vergangenen Jahrhunderts ein Belgier namens Hennebique, der sich unter anderem intensiv mit Stahlbeton befaßte, bereits 1894 auf seinem in Paris errichteten Wohnhaus Dachgärten angelegt. Vielleicht war er dazu vom Maurermeister Carl Rabitz aus Berlin inspiriert worden, der seinerseits wiederum bereits 1867 auf der Pariser Weltausstellung »moderne hängende Gärten« propagiert hatte und für seine Idee unter anderem mit einem Gipsmodell seiner eigenen, mit einem Dachgarten versehenen Villa warb. Ob ihm wiederum bekannt war, daß es bereits in der Renaissance und noch weiter in der Geschichte zurück schon zur Zeit der Römer und Griechen Dachgärten gab, ist uns nicht überliefert.
Das erste uns heute bekannte Beispiel eines Dachgartens stammt jedenfalls aus dem 6. Jahrhundert vor Christus: die von den Griechen so genannten »Hängenden Gärten der Semiramis« in Babylon, die als eines der Sieben Weltwunder der Antike galten. Den Ergebnissen der Ausgrabungen zufolge handelt es sich dabei um treppenartig terrassierte Gärten, die auf flachen Palastdächern und teils an die Stadtmauer angelehnt waren. Die höchste der etwa 3,5 Meter breiten Terrassen lag rund 30 Meter hoch, die Anlage war insgesamt etwa 40 x 50 Meter groß. Dort wuchsen in einer bis zu zwei Meter mächtigen

7 *Eine grüne Oase über den Dächern: der Dachgarten.*

Bodenschicht verschiedenste Arznei- und Zierpflanzen; zeitgenössischen Berichten zufolge waren die bis zu 15 Meter hohen Dattelpalmen dabei die größten Pflanzen. Die hohen Auflasten wurden über bis zu zwei Meter starke Ziegelpfeiler und halbtonnenförmige Bogengewölbe abgefangen. Darauf lagen große Steinplatten, die zum Schutz vor Sickerwasser mit Schichten von asphaltgetränktem Röhricht, Ziegeln und Blei abgedichtet waren. Über ein ausgeklügeltes System von Wasserschöpfrädern wurde Wasser aus dem Euphrat auf die oberste Terrasse transportiert und von dort über ein verzweigtes System von Kanälen und Durchlässen auf die tieferliegenden Terrassen geleitet. Daß dieser komplizierte Aufbau und Betrieb zur Exklusivität der hängenden Gärten maßgeblich beigetragen haben dürfte, liegt auf der Hand.

Heute, da die Materialien und Techniken perfekter geworden und fast universell einsetzbar sind, gibt es natürlich weit einfachere und preiswertere Lösungen. Der Mehraufwand, den Dachgärten im Vergleich etwa zu konventionellen Kiesdächern erfordern, ist mit Bezug auf die Gesamtkosten eines Gebäudes eher gering und bewegt sich in aller Regel im einstelligen Prozentbereich. Vergleicht man dies gar mit den gegenwärtigen Bauland- oder Quadratmeterpreisen für Neubauwohnungen, ist er schon fast vernachlässigbar klein - einmal ganz abgesehen von dem Gewinn an Lebens- und Wohnqualität, den jeder Dachgarten für die Bewohner bedeutet.

GRUNDLAGEN

LAGE UND PLATZBEDARF

Um Balkone und Dachgärten als »Zimmer unter freiem Himmel« nutzen zu können, sollten bei deren Planung und Bau zumindest vier Grundanforderungen berücksichtigt werden:

- eine gute Zuordnung zu den Wohnräumen
- eine ausreichende Dimensionierung und Raumtiefe
- eine besonnte, möglichst ruhige Lage
- ein ausreichender Schutz vor Einblicken sowie Wind und Wetter.

Die wohl wichtigste Voraussetzung für »Zimmer im Freien« ist deren sinnvolle Integration in den Wohnungsgrundriß. Am besten ist es, wenn sie den Wohnräumen direkt zugeordnet und von dort aus auch erreichbar sind. Bodentiefe Fenster und Fenstertüren können diese funktionale Verbindung auch optisch erlebbar machen. Gelangt man nur über Nebenräume oder Umwege auf Balkone und Dachgärten, werden diese erfahrungsgemäß weniger intensiv genutzt.

8 In meiner Badewanne bin ich Kapitän - selbst bei wenig Platz ist, wenn auch eingeschränkt, vieles machbar.

Art und Maß der Nutzung bestimmen die Abmessungen und Proportionen. Nicht selten sind auch heute noch vor allem Balkone und Loggien zu klein oder zu schmal. Den Vorschriften zufolge sollten sie, wenn sie als Sitzplatz dienen sollen, eine nutzbare Grundfläche von 3 Quadratmeter bei mindestens 1,40 Metern Raumtiefe aufweisen. Das reicht freilich gerade, um ein kleines Tischchen und maximal zwei Stühle seitlich davon aufzustellen. Sollen vier Stühle und ein richtiger Eßtisch dort Platz finden, braucht es eine nutzbare Grundfläche von rund 6 Quadratmeter bei einer Raumtiefe von mindestens 2 Metern, besser noch mehr. Will man Liegen unterbringen, wird pro Liege einschließlich der seitlichen Zugangsfläche eine 1 x 2 Meter große Stellfläche benötigt. Diese wenigen Zahlen sind allerdings nur Anhaltswerte für eine sinnvolle Mindestgröße wohnungsbezogener Freisitze und daher nach oben offen.

In unseren Breiten sollten wohnungsbezogene Freisitze möglichst zur Sonne hin orientiert liegen. Gefragt sind daher vor allem südexponierte Lagen, auch wenn dort für heiße Sommertage ein entsprechender Sonnenschutz notwendig wird. Eine schöne oder weniger schöne Aussicht, der Schattenwurf benachbarter Bauten oder Bäume sowie Straßenlärm und Windzug sind manchmal Ursachen, daß zugunsten von Ost- und Westlagen auf eine reine Südorientierung verzichtet wird. Nordexponierte und damit ganzjährig verschattete Lagen sind demgegenüber zum längeren Aufenthalt oder Sitzen im Freien kaum geeignet.

Wohnräume unter freiem Himmel sind natürlich auch Wind und Wetter ausgesetzt. Je höher ein Balkon oder Dachgarten liegt, um so stärker werden sich zum Beispiel dort Windsog oder Zugluft bemerkbar machen. Am stärksten sind solche Windströmungen an Gebäudeecken und -kanten; dort sowie an allen windexponierten Stellen sind daher entsprechende Schutz- und Trennwände vorzusehen. Häufig läßt sich ein notwendiger Windschutz auch so gestalten, daß damit gleichzeitig eine Abschirmung vor unerwünschten Einblicken aus der Nachbarschaft erreicht wird. Neben der Verwendung von Pergolen und Spalieren läßt sich dies unter anderem auch durch vorgezogene Abschlußwände oder Gebäudeversätze erreichen.

9 Balkonien ist überall möglich - hier zum Beispiel zwischen Zypergras (links) und Kiwis sowie Echtem Wein (rechts).

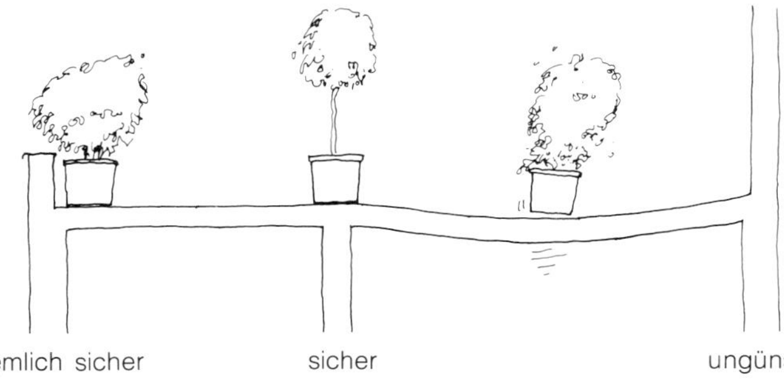

10 Je nach Art der Unterkonstruktion sind Dachterrassen mehr oder weniger belastbar und tragfähig.

PLANUNG UND BAUTECHNIK

Grün in luftiger Höhe bringt zwei große Probleme mit sich: Gewicht und Feuchtigkeit. Sei es nun der etwas größere Blumentopf auf dem Balkon oder die großflächige Gartenanlage auf einem Flachdach - in beiden Fällen müssen das Gewicht von Erde, Pflanzen, Gefäß und Niederschlägen, Menschen und Ausstattung sowie die Sicherung des Gebäudes gegen Feuchteschäden bedacht werden. Auf einem Balkon ist die Lage auch für einen Laien noch überschaubar. Feuchtigkeitsprobleme gibt es eigentlich nur auf dem darunterliegenden Balkon durch zu heftiges Gießen, und dem ist durch große Untersetzer abzuhelfen. Normalerweise sind Balkone statisch so berechnet, daß neben dem höchstmöglichen Personengewicht noch Mobiliar und Pflanzen berücksichtigt werden. Hat man eine Begrünung vor, die größere Kübel erfordert, sollte man sicherheitshalber einen Statiker befragen. Generell ist es ratsam, Belastungen eines Balkons oder eines Flachdachs dort vorzunehmen, wo sich im Gebäude tragende Konstruktionen befinden oder in deren Nähe.

Beispiele für die Belastbarkeit von Decken (zusätzliche Nutzlast):
- Balkon bis 10 qm = 500 kg/qm.
- Balkon über 10 qm = 350 kg/qm.
- Begehbares Kiesdach = 350 kg/qm,
- Begehbares Kiesdach = 100 kg/qm, wenn es nur gelegentlich betreten wird.
- Einfaches Pappdach = mindestens 75 kg/qm gefordert für Schneelast.
- Gewicht von Erde in Kübeln, wassergesättigt, ca. 1,8 kg/l.

Die Herstellung tragfähiger, vor allem aber dichter Decken für Dachterrassen und -gärten ist Voraussetzung für deren Bau und längerfristige Erhaltung. Während das erste keine Probleme bereitet, ist das zweite um so schwieriger. Der Dachaufbau und die Dichtung müssen fachmännisch geplant und durchgeführt werden, ob es nun um den nachträglichen Einbau oder die Neuanlage geht. Von großer Bedeutung ist die vorhergehende Klärung der Gewährleistung in Umfang und Fristen, für den Fall von Schäden (zwei Jahre VOB, fünf Jahre BGB). Wird der Aufbau vom Anbieter eines Dachgartens komplett erstellt, sind die Gewährleistungs- und Haftungsfragen einfacher zu klären als bei individuellen Lösungen oder gar einem Selbstbau.

11 Eine geschickte Verteilung von Lasten auf dem Balkon läßt Probleme erst gar nicht entstehen.

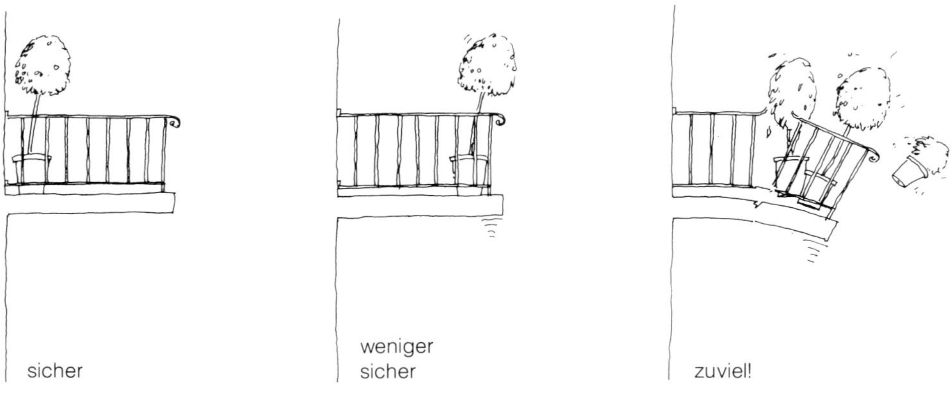

12 Auch ohne das Gewicht von Behältern und Pflanzen ergeben sich bei wassergesättigter Erde oft schon erhebliche Lasten.

Es gibt so viele Bauweisen von Dachdichtungen und Substrataufbauten, daß sie in diesem Rahmen nicht erläutert werden können. Wir verweisen auf die angeführte Literatur. Als Bausteine des Aufbaus, die allerdings unterschiedlich bemessen und angeordnet sein können, dienen:

- die tragende Decke
- Ausgleichsestrich mit Gefälle
- Voranstrich, meist aus Bitumenemulsion
- Dampfbremse, damit aus dem Gebäude keine Feuchtigkeit in die Wärmedämmung aufsteigen kann
- Wärmedämmschicht (druckfest)
- Dachabdichtung, der eigentliche Schutz gegen das Eindringen von Wasser
- Schutzschicht, die die Dachabdichtung vor UV-Licht und mechanischer Beschädigung während und nach der Bauphase schützt
- Dränschicht (zur Speicherung von Wasser und/oder Abführung von überschüssigem Wasser)
- Filterschicht (verhindert das Einsickern von Feinstoffen in die Dränschicht)
- Erdsubstrat
- eventuell Wurzelschutzschicht, wenn die Dachabdichtung nicht durchwurzelungssicher ist
- möglicherweise Trenn- und Ausgleichsschichten zwischen einzelnen Schichten, um die Übertragung von schädigenden Bewegungen oder Auswirkungen von chemischen Unverträglichkeiten zu verhindern.

Nicht nur die begrünten Flächen eines Dachgartens müssen einwandfrei abgedichtet werden, sondern auch Sitzplätze und Wege. Die häufigsten Befestigungsarten sind in Mörtel verlegte Fliesen oder Platten (z. B. Terrakotta) und lose auf Stelzlager verlegte Platten aus Beton.

Bei der Verlegung in Mörtel folgen auf der besonders tragfähigen Decke Dampfsperre, Dämmung und darauf die Dachdichtung. Sie wird am Rande hochgezogen und mit einem schwimmenden Estrich abgedeckt, auf dem dann Platten oder Fliesen mit seitlichem Gefälle verlegt werden können. Durch die Trennung von Estrich und Wand wird überdies die Übertragung von Trittschall verhindert.

Die lose Verlegung geschieht auf einer druckfesten Dämmschicht und der daraufliegenden Dachdichtung. Die Stelzlager sind speziell geformte Kunststoffunterlagen, die die darauf ruhenden Platten in ihrer Lage fixieren.

Die im Landschaftsbau übliche Platten- oder Klinkerverlegung in Pflastersand und Kiessandunterbau ist auch möglich, allerdings wegen des hohen Gewichts nur auf besonders tragfähig ausgebildeten Decken.

Alle Arten Holzroste (am haltbarsten ist Lärchenholz) sollten so verlegt werden, daß sie ohne große Schwierigkeiten aufzunehmen sind, um darunter sich ansammelnden Schmutz und Blätter entfernen zu können. Für den Selbstbau eignen sich vor allem vorgefertigte Holzfliesen.

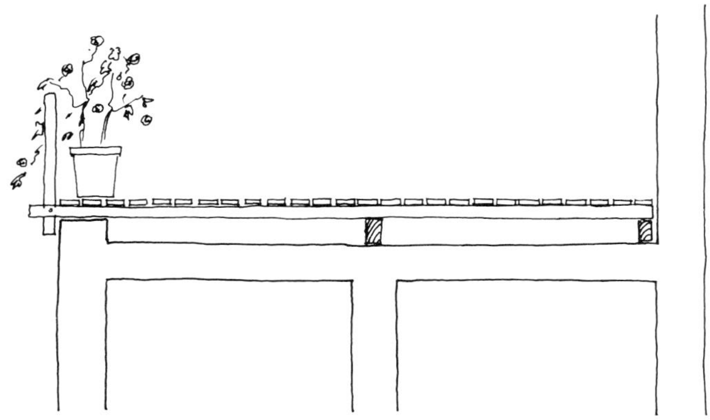

13 Bautechnisch einfach herzustellen: Ein Belag aus Holzplanken oder -rosten auf dem Flachdach.

Die Inbesitznahme vorhandener Dachflächen geschieht oft nach und nach und ist erst einmal mit keiner aufwendigen Baumaßnahme verbunden. Am Anfang sind es vielleicht einige Kräutertöpfe, die vom Fenstersims auf das noch ungenutzte Flachdach gesetzt werden, dann folgt der Liegestuhl für ein ungestörtes Sonnenbad oder ein Jelängerjelieber im Topf, der noch ein Rankspalier an der Wand bekommt. Spätestens, wenn das dafür eigentlich nicht vorgesehene Dach betreten wird, besteht die Gefahr der Beschädigung der Dachhaut. Auch können aus größeren Töpfen durch die Abflußlöcher Wurzeln herauswachsen und unbemerkt in die Dachdichtung eindringen. Es ist unumgänglich, vom Hauseigentümer eine Zustimmung zur Nutzung einzuholen und von Baufachleuten Rat, welche Möglichkeiten das Dach bietet. Soll das Dach intensiv genutzt werden, so kommt man um bauliche Maßnahmen nicht herum. Dabei sind die baurechtlichen Bestimmungen zu beachten (Länder-Bauordnung), Genehmigungen einzuholen und bei denkmalgeschützten Häusern das Amt für Denkmalpflege einzuschalten. Besonderes Augenmerk wird dabei auf statische und gestalterische Fragen gelegt, auf Aspekte der Sicherheit (Geländer und Brüstungen, Fluchtwege, Brandschutz) sowie der Vereinbarkeit mit denkmalpflegerischen Zielen.

Die bautechnisch einfachste Form einer Dachterrasse auf einem vorhandenen Flachdach - dabei solide, preiswert und gut nutzbar - ist ein *Holzrost*. Er wird auf den tragenden Wänden des Gebäudes aufgelegt, schützt die Dachhaut vor mechanischen Beschädigungen und der Sonneneinstrahlung und erhöht dadurch auch deren Lebensdauer.

Terrassen aus Holzrosten lassen sich auch auf schrägen Dächern realisieren. Sie sind konstruktiv aufwendiger, muß doch das tragende Gerüst durch die Dachdeckung hindurch auf tragenden Wänden oder Dachbalken befestigt werden. Der Gesamteindruck des Hauses wird beeinflußt.

Eine stärkere Veränderung der Bausubstanz zur Einrichtung einer Dachterrasse stellen alle Arten von *Dacheinschnitten* dar. Im Bereich eines Dachzimmers oder eines Zwerchgiebels wird das Dach entfernt und der dadurch entstandene freie Raum durch senkrechte Wände gegenüber den anliegenden Zimmern abgegrenzt.

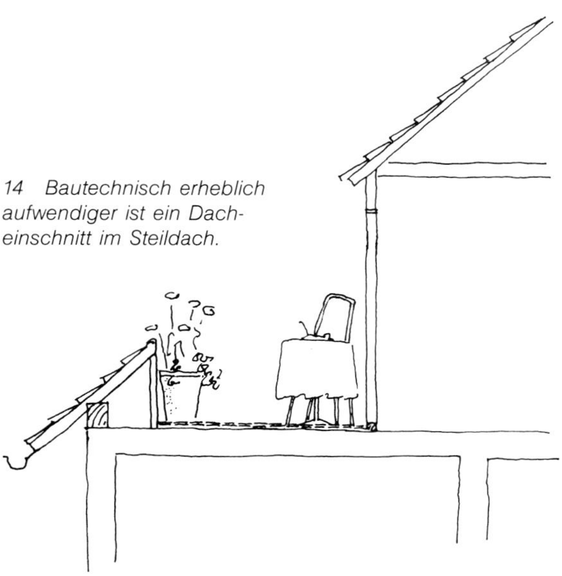

14 Bautechnisch erheblich aufwendiger ist ein Dacheinschnitt im Steildach.

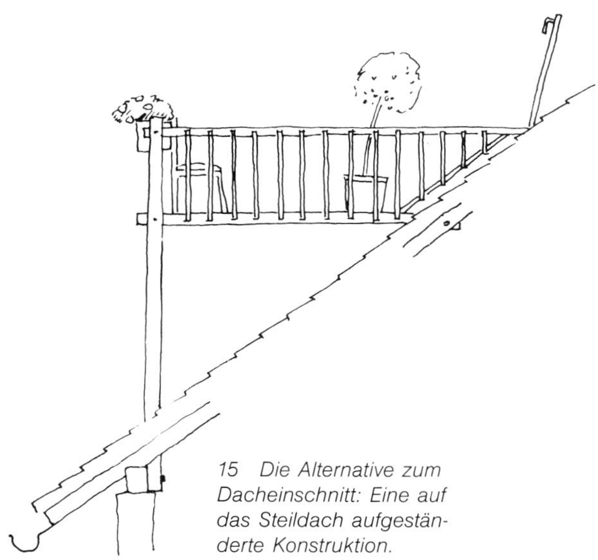

15 Die Alternative zum Dacheinschnitt: Eine auf das Steildach aufgeständerte Konstruktion.

GESTALTUNG

GELÄNDER

18 *Leicht und transparent: Stahlprofile mit Metallgittern.*

Geländer müssen mindestens 90 cm hoch sein, bei über 12 m hoch gelegenen Balkonen und Dachterrassen auch mehr - bis zu 140 cm. Sie sind so zu gestalten, daß Kindern das Hochklettern erschwert wird. Auch sollten diese sich nicht zwischen Gitterstäben oder Brüstungsteilen hindurchzwängen können; deren Abstand darf daher maximal 12 cm betragen.
Am weitesten verbreitet sind heute Geländerkonstruktionen aus Stahl. Gerne werden aber auch andere Materialien verwendet, so zum Beispiel Füll- und Verblendelemente aus Holz, Glas oder Kunststoffen vor, hinter oder zwischen Tragstäben aus Stahl, Holz oder Aluminium.

16 *Unauffällig: Stahlstäbe in einem Metallrahmen an einem kleinen Sitzbalkon.*

19 *Schützt vor Einblicken: Geländer aus gelochten Metallblechen.*

17 *Streng geometrisch sind in einen Holzrahmen geschraubte Dachlatten.*

BODENBELÄGE

20 Die klassische Lösung für den Bodenbelag: Regelmäßig verlegte Keramikplatten.

21 Ebenso machbar sind Platten und Plattenbruch, unregelmäßig verlegt.

22 Auch bei Tropenhitze sind Holzplanken, hier auch zur Einfassung des Pflanzbeetes verwendet, gut begehbar.

Im Wortsinne grundlegende Voraussetzung für die Nutzung der Balkone und Dachterrassen sind deren Beläge. Dabei findet sich heute eine breite Vielfalt unterschiedlichster Materialien. Beliebt sind etwa keramische Platten, die - glasiert oder unglasiert - in allen möglichen Formen, Formaten und Farben angeboten werden. Von der Oberfläche meist etwas rauher und daher rutschsicherer beim Begehen, vor allem bei nassem Wetter, sind Beton- und Natursteinplatten. Ein gewisser Nachteil aller Platten ist allerdings, daß sie je nach Witterung stark abkühlen oder sich aufheizen können. Das kommt bei Holzbelägen nicht vor: Sie sind nie fußkalt und auch an heißen Sommertagen noch gut zu begehen. Ähnliches gilt für Kunststoffrasen und Outdoor-Teppiche.

SONNEN- UND WINDSCHUTZ

23 Geborgen unter einem großen Sonnenschirm und gerahmt von Kübelpflanzen: Eine mit Holzrosten ausgelegte Dachterrasse.

24 Platznot macht erfinderisch: Die Sonnenschirme sind am Geländer befestigt.

25 Ungewöhnlich und wirkungsvoll: Sicht- und Sonnenschutz aus Segeltuch.

So wichtig die Besonnung für Balkone und Dachterrassen in unseren Breiten ist, so wichtig ist auch ein wirksamer Sonnenschutz für heiße Sommertage. Neben dem klassischen Sonnenschirm, mittlerweile längst auch in quadratischen und rechteckigen Formaten erhältlich, bieten sich dafür unter anderem Markisen auf Scheren oder Knickarmen, Rollos zum Ziehen oder Sonnensegel zum Spannen an. Je größer diese sind, um so besser sollten sie allerdings gegen Wind gesichert sein. Überhaupt können Wind und Zugluft bisweilen die Nutzung hochgelegener Freisitze beeinträchtigen oder stören. Dem läßt sich oft schon mit einer wetterfesten Bespannung der Geländer abhelfen, notfalls auch mit geschoßhohen Glasscheiben oder Windblenden.

SPALIERE

26 Mit Liebe zum Detail wurde ein Spalier aus dünnen Holzleisten vom Besitzer selbst gebaut.

27 Einfaches Spalier aus Bambusrohr, bewachsen von einer Glockenrebe und einer Kiwi.

28 Von weißlackierten Stützen rhythmisch gegliedertes Spalier aus schmalen Holzlatten.

29 Unverwechselbar: Ein Holzspalier, dessen bogenförmige Öffnungen die Form der Fenster nachzeichnen.

Sind Balkone und Dachterrassen vollständig einsehbar, werden sie kaum zum intensiv genutzten Wohnraum unter freiem Himmel avancieren. Um zumindest Teilbereiche vor unerwünschten Einblicken zu schützen, bieten sich dort Aufbauten wie etwa Pergolen oder Spaliere an. Vor allem Spaliere können intime Nischen und Räume schaffen, ohne wirklich zu trennen. Sie lassen sich aus vielerlei Materialien, vor allem aber Holzleisten und -latten, auf die jeweilige Situation individuell abgestimmt herstellen und bieten – ob nun bepflanzt oder nicht – zudem einen attraktiven Wind- und Sonnenschutz.

30 *Ob Oleander oder Schnittlauch, ob Farne oder Sauerkirsche - zu jeder Pflanze gibt es passende Beete, Kübel oder Töpfe.*

PFLANZENAUSWAHL

Pflanzen brauchen zum Leben immer Sonne und Luft, Wasser und Erde. Sonne und Luft haben sie auf Balkon und Dach meist in Hülle und Fülle, Wasser nur hin und wieder und Erde normalerweise gar nicht. Daraus resultieren eigentlich alle Probleme der Pflege und auch der Pflanzenauswahl. Geeignet und unproblematisch sind Pflanzen, die mit ihren Ansprüchen auf diese Überfluß-Mangel-Situation eingestellt sind. Ein schönes Beispiel ist der Dachwurz und seine näheren und weiteren Verwandten aus der Familie der Crassulaceen (Dickblattgewächse), die selbst auf geneigten Dächern mit einem Fingerhut angewehter Erde auskommen, in ihren verdickten Blättern Wasser speichern und so der Austrocknung durch Wind und Sonne hartnäckig trotzen. Auch vom Wind herangetragene Sämlinge von Birken, Weiden und Schmetterlingsstrauch, von Weidenröschen und Löwenmaul demonstrieren zähen Pioniergeist, wenn es gilt, Schutt, Ruinen, aber auch kleinste Ritzen in Putz- und Mauerflächen selbst in den höheren Ebenen der Stadtlandschaft zu besiedeln.

Für die Belebung unserer Balkone und Dachgärten sind beide Pflanzengruppen jedoch ein zu schmales Sortiment, zumal sich die »Pioniere« im gutgedüngten und gewässerten Topf nicht unbedingt wohler fühlen als an ihren selbstgewählten Plätzen. Welche anderen Pflanzen sind aber verwendbar? Nach welchen Kriterien ist auszusuchen, was gilt es zu beachten?

Als erstes sind sorgfältig die geplanten Pflanzplätze anzusehen und zu beurteilen, wie stark sie von Wind und Wetter beeinflußt werden, wann und wie lange die Sonne sie erreicht, ob Wände die Sonne reflektieren und Regen dorthin fallen kann.

Zur Auswahl gehört aber auch die Überlegung, was auf dem Balkon oder Dachgarten gemacht werden soll: sonnen, lesen, basteln, frühstücken oder den Blütenwettbewerb mit den Nachbarn aufnehmen, Gemüse und Obst ziehen - oder von allem ein bißchen. Es gibt dabei (wie immer) Ratschläge, die man ernst nehmen sollte, und solche, die den eigenen Gestaltungs- und Experimentierdrang unnötig hemmen. Das Wichtigste und Eindringlichste sind eigene Erfahrungen, wobei man allerdings nicht alle vorhersehbaren Fehlschläge selbst durchleiden muß. Im Anhang sind einige Bücher aufgeführt, die viele Hinweise zur Verwendung und Pflege von Balkon- und Kübelpflanzen geben.

Also: Mut zum Versuch - die Standard-Balkonkastenbepflanzung mit Pelargonien oder Zwergkoniferen muß es wirklich nicht sein. Die in der Gärtnerei oder auf dem Wochenmarkt erhältliche Auswahl an Einjahresblumen erfährt von Jahr zu Jahr mehr interessanten und vielfältigen Zuwachs. Aber auch die altbekannten Einjahresblumen und Zweijährigen des Gartens sowie viele Stauden und Gräser sind für Dachgarten und Balkon geeignet. Ungewohnt ist zuerst die lebhafte, hohe und oft filigrane Struktur. Die Windempfindlichkeit ist dabei meist erhöht. Auch die Blühphasen sind - besonders bei Stauden - eher kürzer. Dafür entschädigen aber Laubaustrieb, Herbstfärbung und überwinternde Fruchtstände (etwa bei Sedum telephium oder Pennisetum).

Die in den folgenden Tabellen aufgeführten Pflanzenarten und -sorten stellen nur eine kleine Auswahl dar.

31 *Gerahmt von Bambus, Hortensie und Margerite: Ein rotblättriger Ahorn auf einem Dachgarten.*

32 *Klettern auch von Töpfen aus: Prunkwinden, Passionsblumen und Schwarzäugige Susanne.*

Gehölze

Gehölze erreichen auf Dachgärten und in Gefäßen nicht ihre maximale Größe. Die Höhenangaben sind daher entsprechend reduziert.

Botanischer Name/ Deutscher Name	Blütenfarbe/ Blütemonat	Höhe in m	Standort/ Besonderes
Acer ginnala Feuerahorn	gelb-grün: 5	3-4	○● rote Herbstfärbung
Amelanchier lamar. Kupferfelsenbirne	weiß: 4	3-4	○● im Herbst orange-rot
Buddleja davidii Schmetterlingsflieder	weiß, rosa o. violett: 7-10	2-3	○ zieht Schmetterlinge an
Buxus sempervirens Buchsbaum	gelb-grün: 4-5	1-3	○● immergrün, auch Formschnitt
Caryopteris-Sorten Bartblume	blau-violett: 8-10	-1	○ Herbstblüher, duftendes Laub!
Chaenomeles-Sorten Scheinquitte	weiß o. rot: 4-5	1-1,5	○◑ zierende Früchte
Cornus mas Kornelkirsche	gelb: 3-4	3-4	○◑ frühe Blüte, Früchte eßbar
Crataegus x lavallei Apfeldorn	weiß: 5	3-4	○◑ Früchte haften lange
Genista tinctoria Färberginster	gelb: 6-8	0,5-1	○ verträgt gut Rückschnitt
Ilex crenata-Sorten Japan-Stechpalme	weiß: 5	0,5-1,5	○● immergrün
Kerria japonica Ranunkelstrauch	gelb: 4-5	-1,5	○● Laub und Rinde hellgrün
Kolkwitzia amabilis Kolkwitzie	rosa: 5-6	2-2,5	○◑ überhängender Wuchs
Ligustrum-Formen Liguster	weiß: 6-7	2-3	○● Blüten duften, halbimmergr.
Malus sargentii Zierapfel	weiß: 5	-3	○ Früchte gelbrot und Herbstlaub
Potentilla fruticosa Fingerstrauch	gelb: 6-10	0,5-1,5	○◑ auch weiße und rote Formen
Prunus laurocerasus Lorbeerkirsche	weiß: 5	1-1,5	○◑ immergrün
Rosa-Sorten Rose	rosa, weiß, rot o. gelb: 6-11	0,5-2	○◑ viele Sorten, auf Duft achten!
Sorbaria sorbifolia Fiederspiere	cremeweiß: 6-7	1-2	○● früher Austrieb
Spiraea-Arten Spierstrauch	weiß, rosarot: 5-6	0,5-2	○◑ grazile Wuchsformen
Syringa chinensis Chinesischer Flieder	lilarosa: 5	-2	○◑ duftet, überhäng. Wuchs
Taxus baccata-Sorten Eibe	-	0,5-3	○● immergrün, auch Formschnitt
Viburnum fragrans Duftschneeball	weiß-rosa: 2-3	-2	○◑ blüht im Spätwinter, duftet!

Kletterpflanzen

Alle Pflanzen, die so kräftig wachsen wie etwa Prunkwinden oder Knöterich, brauchen reichlich Nährstoffe. Bei ihnen wirken sich kleine Gefäße sowie Fehler oder Pausen beim Gießen und Düngen fatal aus - sie kümmern. Die Höhenangaben sind wegen der geringen Wuchsleistungen in Kübeln oder auf Dachgärten reduziert.

Botanischer Name/ Deutscher Name	Blütenfarbe/ Blütemonat	Höhe in m	Standort/ Besonderes
Actinidia arguta Strahlengriffel	weiß: 6	3-4	○◑ Früchte eßbar, ähnlich Kiwi
Akebia quinata Akebie	rosa/purpur: 4-5	3-4	○◑ halbimmergrün
Clematis-Arten Wilde Waldreben	rosa, weiß, gelb u.a.: 5-10	1-10	○● manche Arten duften
Clematis-Hybriden Zuchtwaldreben	weiß, rosa, rot, blau: 5-10	2-3	○◑ brauchen beschatteten Fuß
Cobaea scandens Glockenrebe	violett: 7-10	2-3	○◑ einjährig
Euonymus fortunei Spindelstrauch	—	1-2	○● immergrün, selbstkletternd
Fallopia aubertii Knöterich	weiß: 7-10	8-10	○◑ sehr wuchskräftig
Hedera helix Efeu	gelb: 9-10	-20	○● immergrün, selbstkletternd
Ipomoea purpurea Prunkwinde	rosa-violett: 7-9	2-3	○ einjährig
Humulus lupulus Hopfen	grünlich: 7-8	4-5	○◑ Staude, zierende Früchte
Hydrangea petiolaris Kletterhortensie	weiß: 6-7	4-5	◑● selbstkletternd
Jasminum nudiflorum Winterjasmin	gelb: 12-3	-2	○◑ Winterblüher, auch hängend
Lathyrus odoratus Duftwicke	viele Farben: 7-9	1-2	○ einjährig, Blüten duften
Lonicera caprifolium Jelängerjelieber	gelb-rot: 5-6	3-4	◑● duftet stark
Lonicera henryi Geißblatt	gelb-rot: 6-8	2-3	◑● immergrün
Parthenocissus-Arten Wilder Wein	grüngelb: 6-8	8-12	○◑ zum Teil selbstkletternd
Rosa-Sorten Kletterrose	weiß, rosa, gelb o. rot: 6-10	1-3	○ viele Sorten
Thunbergia alata Schwarzäug. Susanne	gelb m. dunkler Mitte: 7-10	1-2	○● einjährig
Wisteria sinensis Blauregen	blauviolett: 4-5	8-10	○◑ sehr wuchskräftig

33 *Ein Potpourri unterschiedlichster Arten - unter anderem Kürbis (hinten), Seerosen und Walderdbeeren (links).*

34 *Buntgemischt in einer Reihe: Buchsbaumkugeln, Farne, ein Gummibaum, eine Palme und Fetthennen.*

Stauden

Zu den Stauden gehören auch Zwiebel- und Knollenpflanzen, und die sollte man wirklich nicht vergessen, wenn es darum geht, die Blütezeit in das Frühjahr hinein zu erweitern. Die ganze große Palette von Frühjahrsblühern ist auch für Kästen und Kübel geeignet, von frühen Iris (I. reticulata, I. danfordiae) über Schneeglöckchen und Krokus, Narzissen, Blausternchen, Schneeglanz bis zu Tulpen, Traubenhyazinthen und Hyazinthen. Sie müssen schon im Oktober gesetzt werden. Die Gefäße dürfen im Winter nicht durchfrieren; sie sollten an einem geschützten, aber kühlen Ort überwintern oder im Garten eingesenkt und mit Laub abgedeckt werden.

Botanischer Name/ Deutscher Name	Blütenfarbe/ Blütemonat	Höhe in cm	Standort/ Besonderes
Alchemilla mollis Frauenmantel	grün-gelb: 6-7	30	○◑
Alyssum saxatile Steinkraut	gelb: 5	30	○ mehrere Sorten
Arabis caucasica Gänsekresse	weiß/rosa: 4-5	20	○
Aster amellus Sommeraster	blau-lila: 7-9	40-60	○ viele Sorten
Aubrieta x cultorum Blaukissen	violettblau: 4-5	5-10	○ auch rosa und rotblüh. Sorten
Campanula poschar. Glockenblume	blau-lila: 5-8	10-15	○◑ mehrere Sorten, z.T. rankend
Coreopsis verticillata Mädchenauge	gelb: 6-9	50	○
Dianthus caesius Pfingstnelke	rosa, rot oder blau: 5-7	15	○ zahlreiche Sorten
Euphorbia polchr. Wolfsmilch	grün-gelb: 4-6	40	○
Geranium sangum. Storchschnabel	karmin: 7-9	20	○◑ auch weiße und rosa Sorten
Gypsophila repens Schleierkraut	weiß: 5-9	10	○ auch rosablühende Sorten
Helianthemum Sonnenröschen	gelb: 6-8	10	○ Hybriden weiß, rosa, rot u. gelb
Hemerocallis »Corky« Taglilie	gelb: 6-9	60	○◑ dunkle Stiele
Hosta-Arten Funkie	weiß/violett: 6-8	30-90	◑● viele Formen
Iberis saxatilis Schleifenblume	weiß, 4-6	10	○ immergrün
Iris barbata nana Zwergiris	viele Farben: 4-5	15-30	○
Inula ensifolia Schwertalant	gelb: 6-9	20	○ Sorte »Compacta«
Lavandula angustifolia Lavendel	blau-violett: 7-8	30-50	○ mehrere Sorten
Linum flavum Lein	gelb: 5-7	20	○ Sorte »Compactum«
Nepeta fassenii Katzenminze	lilablau: 6-9	30	○ Duft!
Oenothera missour. Nachtkerze	gelb: 7-9	15	○ Nachtblüher
Potentilla verna Fingerkraut	gelb: 5-8	5-10	○
Rudbeckia sullivantii Sonnenhut	gelb: 8-10	60	○ Sorte »Goldsturm«
Salvia nemorosa Salbei	blau: 7-10	30	○ Sorte »Blauhügel«
Saponaria ocymoides Seifenkraut	karminrot: 5-7	20	○
Sedum telephium Fetthenne	braun-rot: 9-10	50	○ Sorte »Herbstfreude«
Silene maritima Leimkraut	rosa o. weiß: 6-9	20	○◑
Veronica incana Ehrenpreis	violett-blau: 6-7	30	○
Gräser			
Deschampsia caesp. Waldschmiele	gelblich-braun: 6-8	80	○◑ auch Sorten
Festuca ovina Schafschwingel	gelblich-braun: 5-8	20	○◑
Fargesia murielae Gartenbambus	—	200-250	○◑ im Topf Winterschutz
Miscanthus sinensis Chinaschilf	—	150	○ Sorte »Gracillimus«
Molinia caerulea Pfeifengras	schwarz: 8-10	80	○◑ Sorte »Moorhexe«
Pennisetum compr. Lampenputzergras	rotbraun: 8-9	60-80	○
Pseudosasa japonica Bambus	—	150-200	◑● gut im Kübel
Kräuter			
Bohnenkraut	hellrosa: 8-10	30	○
Estragon	gelbweiß: 8-9	30	○
Majoran	dkl.-rosa: 7-9	30	○
Salbei	blauviol.: 6-8	60	○
Schnittlauch	lilarosa: 5-6	20	○
Thymian	hellrosa: 7-9	25	○
Ysop	dkl.-viol.: 7-9	40	○
Zitronenmelisse	weiß: 6-8	60	○◑

35 *Kübelpflanzen bringen das Flair des Südens zu uns, dürfen aber nur im Sommer nach draußen.*

36 *Lobelien, hier unter den Blüten eines Schlingknöterichs, blühen fast unermüdlich.*

Kübelpflanzen

Alle hier aufgeführten Kübelpflanzen sind, bedingt durch ihre Herkunft aus wärmeren Ländern, nicht oder nicht ausreichend winterhart und müssen während der kalten Jahreszeit im Haus kühl und hell überwintern. Einen geeigneten Raum zu finden, ist in unseren zentral- und üppig geheizten Wohnungen das Hauptproblem. Oft ist das Treppenhaus die einzige Möglichkeit. Während der winterlichen Ruhepause beschränkt sich die Pflege auf sehr sparsames Gießen, damit der Wurzelballen nicht austrocknet. Während der Wachstums- und Blütezeit wird intensiv gedüngt und gewässert.

Botanischer Name/ Deutscher Name	Blütenfarbe/ Blütemonat	Höhe in cm	Standort/ Besonderes
Agapanthus umbell. Schmucklilie	blau o. weiß: 7-8	80-100	○
Bougainvillea glabra Bougainvillea	lila, rot, weiß, orange: 5-6	-100	○
Brugmansia-Arten Engelstrompete	weiß/gelb o. rosa: ab 7	-200	○◑ Duft, Rückschnitt im Herbst
Chrysanthemum frut. Strauchmargerite	weiß: 6-10	100-150	○ auch als Hochstamm
Ficus carica Feige	unscheinbar: 9-10	-150	○ Früchte eßbar
Fuchsia-Hybriden Fuchsie	weiß/rot/violett: 6-10	-150	◑● viele Sorten
Hibiscus rosa-sinens. Hibiskus	weiß/rosa/ gelb/rot: 6-10	-150	○ auch als Hochstamm
Hydrangea macroph. Hortensie	weiß/rosa/rot/ blau: 6-9	-100	◑ Blütenstände zurückschneiden
Lantana camara Wandelröschen	weiß/gelb/rosa rot/or.: 6-10	-150	○ im Frühjahr zurückschneiden
Laurus nobilis Lorbeer	gelblich	-200	○◑ Blätter als Gewürz
Myrtus communis Myrte	weiß: 6-10	-100	○◑ Duft!
Nerium oleander Oleander	rosa u.a.: 6-9	-200	○ Duft!
Plumbago auriculata Bleiwurz	weiß u. hellblau: 7-10	-150	○◑ Rückschnitt im Herbst
Punica granatum Granatapfel	rot: 6-10	-200	○ Früchte
Rosmarinus officin. Rosmarin	blaßblau: 4-8	-100	○ Gewürzpflanze

Einjährige

Balkonblumen wie Pelargonien, Petunien, Fuchsien, Pantoffelblumen und Begonien hier besonders zu empfehlen, hieße Eulen nach Athen tragen. Sind sie Meter um Meter nur in *einer Art* auf Balkonbrüstungen vertreten, stellen sie eine repräsentative, aber gezügelte und wenig lebendige Pracht dar. Welche Chancen für gärtnerische Lust und vielfältige Bilder liegen dagegen allein in der Kombination der Altbekannten, also weiße Petunien, gelbe Pantoffelblumen und blaue Lobelien. Die unterschiedlichen Wuchsformen füllen das Gefäß ideal aus. Die Möglichkeiten erweitern sich ins Ungeahnte, wenn zur Kombination die Vielfalt der einjährigen Sommerblumen hinzutritt.

Botanischer Name/ Deutscher Name	Blütenfarbe/ Blütemonat	Höhe in cm	Standort/ Besonderes
Alyssum maritimum Duftsteinrich	weiß, rosa o. violett: 6-10	10-15	○ Duft!
Antirrhinum majus Löwenmäulchen	viele Farben: 6-9	20-50	○ niedrige Sorten wählen
Brachycome iberidif. Kurzschopf	lila, viol, rosa, weiß: 7-9	30-40	○ Duft!
Cheiranthus cheiri Goldlack	weiß, gelb, rot, viol.: 5-6	20-60	○ zweijährig, Duft!
Cosmos bipinnatus Cosmea	weiß,rosa, rot: 7-10	80-120	○ bei Wind schützen
Convolvulus tricolor Trichterwinde	gelb, weiß, blau: 7-9	20-30	○ wächst buschig
Helianthus annus Sonnenblume	gelb-braun: 7-10	-200	○
Heliotropium-Hybrid. Heliotrop	tiefblau, violett: 6-9	30-50	○ Duft!
Impatiens walleriana Fleißiges Lieschen	weiß, rosa, rot: 6-9	15-50	○◑ schätzen Windschutz
Kochia scoparia Sommerzypresse	unscheinbar: 8-9	-100	○ im Herbst weinrot
Linaria-Arten Leinkraut	viele Farben: 5-7	20-50	○ blüht lange bei Rückschnitt
Lobelia erinus Männertreu	blau mit weiß: 5-10	10-30	○◑
Nicotiana sylvestris Ziertabak	weiß: 7-9	80-150	◑ Duft! Für große Gefäße
Tagetes tenuifolia Studentenblume	gelb, orange, braun: 8-10	20-30	○ zartes Laub, zierliche Blüten

37 *Fruchten in geschützten Lagen auch vor der Balkonbrüstung und auf Dachgärten: Kiwis.*

PFLANZEN UND PFLEGEN

Obst und Gemüse

Eine besondere Liebhaberei ist die Kultur von Obst und Gemüse auf Balkon und Dachterrasse. Neben dem gärtnerischen Erfolg und dem praktischen Nutzen ist es ein Erlebnis für Kinder, aber auch für Erwachsene, etwas wachsen und reifen zu sehen. Stehen auf Dachgärten gar Vegetationsflächen mit Substratstärken von 50 cm oder mehr zur Verfügung, können dort Obst und Gemüse unter ähnlichen Bedingungen wie im Garten angebaut werden. Weit mehr gärtnerische Hinwendung ist für Kulturen in Töpfen und Kübeln nötig, aber auf Balkonen und kleineren Dachterrassen ist dies oft die einzige Möglichkeit.
Für Gemüse ist eine nährstoff- und humusreiche Erde wichtig, die mit Blähton und Sand zur Lockerung und Durchlüftung sowie mit organischem Dünger vermischt ist. Eine gute Dränage ist ebenso ratsam. Relativ sicher sind Ernteerfolge bei Tomaten bei ausreichend Wärme. Aber auch Gemüse wie Salat, Möhren, Erbsen und Bohnen gedeihen in Töpfen, wobei Kletterbohnen, Gurken und Kürbisse zusätzlich Spaliere beranken können. Selbst eine Kartoffelernte ist mit Hilfe einer Tonne möglich, in der der wachsende Kartoffeltrieb nach und nach mit Erde angeschüttet wird und dadurch zur Ausbildung vieler Seitentriebe und damit Knollen angeregt wird.
Lohnende Obstarten für Kübel sind Erdbeeren, Johannis- und Stachelbeeren (am besten als Stämmchen), Äpfel, Birnen, Kirschen, Pflaumen, Zwetschgen und Pfirsiche. Von großer Bedeutung sind die Veredlungsunterlage, die schwachwüchsig sein soll, und der richtige Schnitt. Zu achten ist bei der Auswahl auch darauf, daß viele Obstbäume nicht selbstbefruchtend sind. Arten wie Kiwis und Weinreben bieten neben ihren Früchten noch den Vorteil, Wände und Lauben zu beranken. Selbst Feigen können in sonnigen Jahren Früchte tragen, müssen aber im Winter geschützt untergebracht werden.

Boden

Die Auswahl der richtigen Pflanzerde ist die Basis für gutes Gedeihen der Pflanzen auf Balkon und Dachgarten. Normale Gartenerde ist in der Regel wenig geeignet, da sie zum Verhärten neigt. Die angebotenen Blumenerden bestehen zum großen Teil aus Torf oder Rindenmulch mit Ton- und Düngerbeimengungen. Sie können leicht so stark austrocknen, daß sie danach schwer wieder Wasser aufnehmen.
Für flächige Begrünungen von Dachgärten bietet die Industrie eine große Anzahl von Schichtaufbauten (also Drän- und Substratschichten einschließlich der notwendigen Schutz- und Filterschichten) an, die - abhängig vom Verwendungszweck - die wichtigsten Anforderungen an Pflanzsubstrate erfüllen:
- geringes spezifisches Gewicht
- ausreichende Stabilität gegen Verdichtung
- dauerhafte gute Bodenstruktur
- ausgeglichener Wasser-Luft-Haushalt
- langfristig verfügbare Nährstoffreserven
- ausreichende Pufferfähigkeit gegen pH-Veränderungen und zeitweilige Über- oder Mangeldüngung.

Für die Erden zum Befüllen von Töpfen, Kübeln und Balkonkästen gelten im Grunde die gleichen Anforderungen, nur ist es dabei möglich, sich mit Vorhandenem (z. B. Gartenerde, Kompost, Sand) zu behelfen und eigene Erfahrungen zu machen. Fehler lassen sich leichter beheben als bei flächigen Anschüttungen.
Zum zusätzlichen Untermischen eignen sich:
- Blähton - strukturverbessernd, dränierend
- Blähtonbruch - strukturverbessernd, wasserspeichernd
- Lava- und Bimskiese - strukturverbessernd, wasserspeichernd
- Kies - dränierend, aber hohes Gewicht
- Rindenkompost - verbessert Humus- und Wasserhaushalt

38 Unter einem schützenden Glasdach wachsen nicht nur Exoten wie Papyrus (links) oder Philodendron (rechts) sondern sogar Feigen (im Hintergrund).

39 Dominiert von mächtigen Engelstrompeten, blüht eine grünbunte Oase aus Kübelpflanzen hoch über dem Hof.

— lehmige Erde - erhöht die Nährstoffspeicher- und Pufferkapazität.
Zur Verbesserung des Substrats können zugefügt werden:
— Tonminerale (»Bentonit«) - verbessern die Wasserhaltekraft, die Nährstoffspeicherung, die Bodenstruktur und fördern das Bodenleben
— Gesteinsmehle - liefern Spurenelemente
— Organische Dünger pflanzlicher oder tierischer Herkunft wie etwa Rizinusschrot, Blut- und Hornmehl, Hornspäne werden im Gegensatz zu den wasserlöslichen Mineraldüngern von den Pflanzen nicht direkt aufgenommen, sondern von den Bodenorganismen nach und nach aufgeschlossen. Sie bieten ein langsamfließendes Nährstoffreservoir und verbessern Bodenleben und -struktur.

Als Faustregel für eine Durchschnittsmischung könnte gelten:
— Etwa 3/4 Mischung aus Erde, Kompost, Rindenhumus, lehmiger Erde und anderem.
— 1/4 strukturverbessernde Anteile wie Blähton, Sand, Kies, Lava und andere.

Die Mengen für Ton- und Steinmehle sowie organische Dünger sind relativ gering, zum Beispiel für organischen Langzeitdünger 3-5 g/Liter.

Vor dem Befüllen des Pflanzgefäßes sollte man die Abzugslöcher mit Tonscherben abdecken, eine ausreichend dicke Dränschicht aus Blähton oder Kies anlegen und diese mit einem wasserdurchlässigen Kunststoffvlies abdecken. Die Dränageschicht verhindert Staunässe und damit Versauerung des Bodens und Schädigung der Pflanzenwurzeln.

40 Pflanzen lohnen regelmäßige Pflege mit üppigem Blühen und Wachsen.

Pflanzung

Das Pflanzen von Stauden und Gehölzen mit Topf- oder Wurzelballen birgt wenig Schwierigkeiten, da sie ja ein entwickeltes Wurzelwerk mitbringen. Es sollten auf jeden Fall alle Umhüllungen entfernt und Feinwurzelfilze, die sich am Topfrand gebildet haben, gelockert werden. Pflanzen mit freiliegenden Wurzeln bedürfen größerer Aufmerksamkeit: Die Wurzeln dürfen nicht austrocknen, sie müssen zurückgeschnitten werden, um die Bildung von Feinwurzeln anzuregen, die im beengten Milieu des Topfes doppelt wichtig für die Nährstoff- und Wasseraufnahme sind. Unter Umständen muß eine schlecht bewurzelte Pflanze mehrmals umgepflanzt und an den Wurzeln beschnitten werden, um dieses Feinwurzelwachstum zu fördern. Gleichzeitig muß auch immer ein Rückschnitt der oberen Teile erfolgen, um das Gleichgewicht zwischen »oben und unten« herzustellen. Es ist wichtig, daß neugesetzte Pflanzen in den ersten Tagen und Wochen aufmerksam betreut, gut gegossen und nicht zu sehr Wind und Sonne ausgesetzt werden.

Gießen

Wasser gibt es meist zu wenig auf Balkon und Dachgarten - die Pflanzen müssen also regelmäßig, an heißen oder windigen Tagen sogar kräftig gegossen werden. Eine Arbeitserleichterung ist dabei jede Art von Speicher, sei es der Untersetzer unter dem Blumentopf, der doppelte Boden im Balkonkasten, aus dessen Reservoir die Pflanzen über Dochte oder Filzstreifen aufsteigendes Wasser erhalten, oder die Anstaubewässerung auf flächig angelegten Dachgärten. Die Verwendung von wertvollem, für viele Pflanzen aber zu kalkhaltigen Trinkwasser kann durch Nutzung von Regenwasser verringert werden. Es wird in Kübeln und Fässern gesammelt, und zwar am geschicktesten durch Anzapfen einer Dachrinne oder eines Fallrohres. Allerdings sollte nach einer Trockenperiode das erste anfallende Wasser wegen der Verschmutzung der Dachflächen nicht gesammelt werden.

Ein großes Problem stellt längere Abwesenheit, z. B. während des Urlaubs, dar. Will oder kann man sich nicht auf elektronisch gesteuerte Automatik verlassen oder auf den Sommerurlaub verzichten, so bleiben doch noch Nachbarn oder Freunde, denen man im Gegenzug den gleichen Gefallen tun kann. Der Gießdienst kann auch erleichtert werden durch Wasserreservoirs und große Untersetzer, durch das Zusammenrücken von Pflanzen mit ähnlichem Durst, zusätzliche Beschattung und Windschutz und dadurch herabgesetzte Verdunstung. Besonders die Verdunstung aus den Töpfen selbst kann durch Mulchen mit Rindenkompost, Laub oder Lava sowie das Abdecken von Tontöpfen verringert werden. Diese Maßnahmen gelten natürlich nicht nur für den Urlaub, sondern können auch während des »Normalbetriebes« helfen, größere Mengen Gießwasser einzusparen.

Pflanzengesundheit

Der Traum jedes Dach- und Balkongärtners sind üppig wachsende und blühende Pflanzen. Erfüllen sich diese Wünsche nicht, stellt sich die Frage nach der wirksamen Therapie.
Dabei stellt das Heilen der Krankheitssymptome nur eine letzte Möglichkeit der Sorge um die Pflanzengesundheit dar. Die Grundlage wird viel früher gelegt: bei der Auswahl geeigneter, bewährter und gesunder Pflanzen und Sämereien sowie bei der Schaffung bestmöglicher Wuchsbedingungen. Selbstverständlich kann es trotzdem zu allerlei Störungen kommen. Der Wuchsort auf Dachterrasse oder Balkon ist eben in vieler Hinsicht so extrem und von anderen so isoliert, daß sich die ausgleichende und abpuffernde Wirkung einer vielfältigen natürlichen Umgebung nicht einstellen kann. Kommt es etwa zu einem stärkeren Blattlausbefall, so dauert es meist länger, bis sich ausreichend viele Marienkäfer dorthin »verirren« und den Schaden begrenzen. Der Vorgang läßt sich beschleunigen, wenn man von einem Spaziergang einige Marienkäfer oder Florfliegenlarven mitbringt.
Zur Vorbeugung gehört also ganz zentral die Förderung pflanzlicher Vielfalt, die tierische Vielfalt zur Folge hat. Sogenannte Nützlinge, die frühzeitig zur Stelle sind und sich durch das Nahrungsangebot, das die »Schädlinge« darstellen, stärker vermehren, ersparen Eingriffe des Menschen. So ziehen blühende Wildstauden viele unterschiedliche Insekten an - ein wichtiger Grund, auch »Unkräuter« wachsen zu lassen. (Beispiel: Schwebfliegen suchen Doldenblütler auf, ihre Larven verzehren Blattläuse.)
Da Balkone und Dachgärten verhältnismäßig überschaubare und intensiv betreute Wohnräume im Freien sind, kann auch das Absammeln und Abstreifen von »Schädlingen« eine sinnvolle Methode sein und beim abendlichen Rundgang »en passant« erfolgen. Auch das Abduschen ist wenig aufwendig und umweltverträglich, ebenso die Anwendung von Pflanzentees, -brühen und -jauchen, die neben tierischen »Schädlingen« auch pflanzliche Krankheitserreger bekämpfen.

Überwinterung

Pflanzen in Töpfen und Pflanzkübeln haben im Winter zwei gefährliche Feinde - die Austrocknung und das Durchfrieren. Wachsen Pflanzen im Boden, so haben sie in der Regel einen weiterreichenden Wurzelbereich, der die Wasser- und Nährstoffnachlieferung sicherstellt. Völliges Austrocknen oder Durchfrieren ist nicht möglich, da die große Erdmasse wie ein Puffer wirkt und Feuchtigkeit und Wärme aus der Tiefe aufsteigen läßt. Im Winter geben besonders freistehende Gefäße Wasser und Wärme ab, ohne daß eine Nachlieferung geschieht. Besonders stark ist der Auskühlungseffekt bei kleinen Töpfen, da sie kaum Wärme gespeichert haben. Die Auskühlung wird besonders durch gut leitende und dichte Materialien (Metall, Beton) gefördert. Schädigend wirkt auch häufiges Durchfrieren und Auftauen im Herbst und Frühjahr.
Aus diesen Tatsachen lassen sich die wichtigsten Überwinterungshilfen ableiten:

- Die Gefäße immer möglichst dicht zusammenrücken
- am besten wind- und sonnengeschützte Stellen wählen
- für Nachschub von Wärme aus dem Gebäude sorgen; also die Gefäße dicht an die Hauswand rücken und/oder an eine Stelle, unter der beheizte Gebäudeteile liegen
- nach allen Seiten isolieren, z. B. dicke Lagen Zeitungen unter den Gefäßen, Auffüllen der Zwischenräume, etwa mit Laub, seitlich und oben Stroh, Laub, Strohmatten, alte Decken oder ähnliches
- Mehrere kleine Gefäße in einem größeren in Erde oder Sand einsetzen. Von den Seiten her hat sich auch ein »Einmauern« mit Ziegelsteinen bewährt, vorausgesetzt, die Statik erlaubt dies
- Wässern während frostfreier Perioden, besonders wichtig bei Immergrünen, die ja Wasser auch im Winter verdunsten.

PROJEKTBEISPIELE

41 *Hier läßt es sich leben - hoch über der Straße und doch im Grünen!*

Beispiele sind immer eine exemplarische Auswahl oder ein repräsentativer Querschnitt dessen, was zu einem bestimmten Stichwort oder Thema so alles gedacht oder gemacht wurde und wird. Das gilt natürlich auch für die folgende Sammlung von insgesamt 71 Projekten mit ganz unterschiedlichen Balkonen und/oder Dachgärten.
Die Kriterien für deren Auswahl waren, kurz zusammengefaßt, objektiv und subjektiv zugleich: Sie sollten, wenn möglich, erst in der jüngeren Vergangenheit geplant und gebaut worden sein, ein möglichst breites Spektrum unterschiedlicher Lösungen zeigen, sollten gleichermaßen Alt- und Neubauten umfassen und bei all dem nicht nur aus einer Stadt oder Region stammen. Nicht zu vergessen, daß im Rahmen des Buches für jedes Projekt jeweils nur wenige Abbildungen und ein kurzer Text möglich waren.
Was sich nun so kurz und bündig auf einer Seite oder Doppelseite präsentiert, sind einige hoffentlich interessante und bisweilen sicherlich auch schillernde Facetten aus dem bunten Mosaik bundesdeutschen und österreichischen Planungsgeschehens - zum gefälligen Kopfnicken ebenso geeignet wie vielleicht zum Widerspruch reizend. Je nach Beispiel stehen dabei unterschiedliche Aspekte im Vordergrund: das bauliche Detail, die Bepflanzung, die funktionale Einbindung, die stadträumlichen Bezüge. Natürlich gäbe es, und das wissen die jeweiligen Planer wohl am besten, zu den einzelnen Projektbeispielen unendlich viel mehr zu sagen und zu schreiben, als hier möglich war. Aber darauf wurde von den Autoren zugunsten einer möglichst breiten Projektvielfalt bewußt verzichtet. Sich zu entscheiden, genau dies eine Projekt in die Sammlung aufzunehmen und dafür ein anderes nicht zu berücksichtigen, war ohnehin schon schwer genug.

EIN BALKON ALS LAUBE

Ein Altbau in Karlsruhe-Durlach, knapp hundert Jahre alt, sollte im Zuge eines umfassenden Umbaus auch einen Freisitz im Hof erhalten. Da dieser jedoch nur 3 x 8 Meter groß ist und zudem einen Meter tiefer als das Erdgeschoß des Hauses liegt, wurde dort eine Stahlrohrkonstruktion erstellt, die über zwei Etagen reicht. Sie steht auf einem Streifenfundament frei vor dem Haus, ermöglicht im Erdgeschoß über eine kleine Plattform einen direkten Zugang zum Hof und ist vor dem Obergeschoß zur Anlage eines kleinen Balkons genutzt. Dessen Boden besteht aus einem Gitterrost, so daß möglichst viel Licht in die Erdgeschoßräume gelangt und auch Regenwasser der Bepflanzung unter dem Balkon zugute kommen kann. Die blaugestrichenen Stahlrohre der Konstruktion sind zugleich Rankgerüst für zwei Wisterien, die den Balkon inzwischen zu einer lauschigen Laube werden ließen.

Architekt: Gerd Gassmann, Karlsruhe-Durlach

42 Der Balkon vor dem Obergeschoß verschwindet fast im Grün der üppig entwickelten Wisterien.

43 Lichtdurchflutet: Die transparente, aus Stahlrohren und Gitterrosten bestehende Konstruktion des Balkons.

44 Eine Markise schützt vor zuviel Sonne, nicht zuletzt auch die Pflanzen.

VIEL GRÜN AUF WENIG BALKON

Selbst der kleinste Balkon macht es möglich, sich im Freien aufzuhalten, Sommer und Sonne dort hautnah zu erleben und zu spüren. Eine passionierte Pflanzenliebhaberin hat aus diesem nur knapp einen Quadratmeter großen Balkon eine grüne Oase geschaffen, in der eine Vielzahl unterschiedlicher Pflanzen blühen und gedeihen: Oleander und Lorbeerkirsche in Kübeln, Küchenkräuter, Lobelien, Margeriten und Pelargonien in Balkonkästen, Jelängerjelieber, Knöterich und Waldreben an Seilen und Wänden, nicht zu vergessen schließlich auch noch Fuchsien und allerlei Zimmerpflanzen in kleinen Hängeampeln aus Terrakotta. Und natürlich hat, versteckt hinter der mit Holzlatten verkleideten Eternitbrüstung, auch ein bequemer Korbsessel auf dem Balkon seinen Platz gefunden, um inmitten des Grüns lauschig sitzen und sich sonnen zu können.

45 Ein kleines privates Refugium in der großen und glatten Fassade: Der Balkon ist nur 1,2 x 0,8 Meter groß.

46 Platzmangel steigert die Phantasie: Holzlatten kaschieren die Eternitplatten der Brüstung, Pflanzen rahmen den auf Teppichrasen stehenden Korbsessel.

47 *Liegen die unteren Etagen des Hauses oder der kleine Hof schon im Schatten, ist es auf dem Balkon immer noch sonnig und warm.*

ZWISCHEN DACH UND TURM

Fast am höchsten Punkt des Marktes Haag in Oberbayern liegt im Schutz einer alten Burgmauer die alte Schule, die sich zwei Freunde mit ihren Familien zum gemeinsamen Wohnhaus umgebaut haben. Dabei wurde auch der baufällige Balkon restauriert, der sechs Meter über einem kleinen Gartenhof vor dem obersten Geschoß zwischen Dach und Turm eingespannt liegt. Dazu wurde auf Balken, die aus der Gebäudewand vorkragen, eine Lage Bretter aufgebracht, dann eine Blechabdeckung montiert und als Bodenbelag schließlich Holzroste verlegt. Da der Balkon bis spät in den Nachmittag besonnt ist, wird er nicht nur gerne als geschützter Platz zum Sonnen oder Kaffeetrinken genützt, sondern eignet sich auch gut dazu, dort wärmeliebende Kübelpflanzen aufzustellen oder selbst Tomaten zu ziehen.

Landschaftsarchitekten: Eike Schmidt + Gerrit Stahr, München

48 *Das Balkongeländer aus Schmiedeeisen konnte erhalten werden und dient heute Hopfen als Kletterhilfe.*

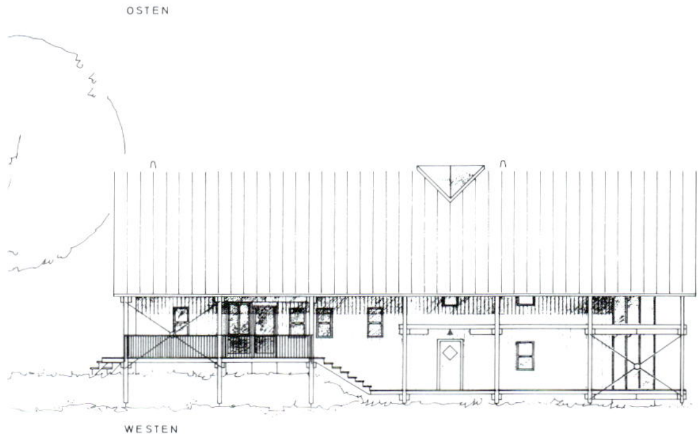

ALLES UNTER EINEM DACH

Idyllisch am Ortsrand eines Dorfes nahe Freising gelegen, ist dieses Einfamilienwohnhaus mit Einliegerwohnung Teil einer Gruppe von insgesamt drei Wohngebäuden, die um einen offenen Hof liegen. Das Haus selbst ist ein Holzskelettbau mit großem Dachüberstand, der vor allem dazu gedacht ist, die Holzkonstruktion vor der Witterung zu schützen. Besonders weit vorgezogen ist das Dach bei dem mit einem Wintergarten versehenen Südgiebel, der damit im Sommer bei hochstehender Sonne gut verschattet wird. Über der Holzplankenterrasse vor dem Erdgeschoß finden sich im Obergeschoß vor dem Schlafbereich zwei Bettenbalkone. Der Eingang zur Einliegerwohnung an der Westseite des Hauses ist über eine kleine Treppe zu erreichen und loggienartig vertieft. Unter einer Waldrebe versteckt, kann man dort auch bei großer Hitze oder schlechtem Wetter gemütlich und geschützt im Freien sitzen.

Architekt: Helmut Streit, Waldkirchen

49 Gerahmt von einem Echten und von einem bereits herbstlich rot gefärbten Wilden Wein: Einer der Bettenbalkone über der großen Wohnterrasse.

50 Ansicht des Hauses von Westen

51 Die Eingangsloggia an der Westseite liegt versteckt zwischen Flieder und Waldrebe.

WEISS ZWISCHEN GRAU UND GRÜN

Weil im kleinen Gartenhof nur wenig Platz war, wurden im Zuge der umfassenden Renovierung dieses rund zweihundert Jahre alten Hauses in Essen-Kettwig nachträglich auch Balkone an das Haus angebaut. Im Grundriß trapezförmig, sind sie dem mit Schiefer aus der Region verkleideten Haus, einem Fachwerkbau, auf Stützen vorgestellt. Der Konstruktion des Hauses entsprechend sind die tragenden Teile, also Stützen und Balkonböden, aus Holz, während für die Balkongeländer verzinktes Stahlrohr verwendet wurde, das weiß gestrichen ist.

52 Der renovierte Altbau in der Altstadt von Essen-Kettwig erhielt durch die Balkone ein völlig neues Gesicht. Sie dienen gleichzeitig als Kletterhilfe für zwei Wisterien, die so das Grün des Gartenhofes auch über die Fassade fortführen.

Architekt: Gunter Willems, Essen-Kettwig

53 *Einfach und wirkungsvoll: Der Balkon, formal eingepaßt in den Holzrahmen der Hauskonstruktion.*

GERADLINIG UND KLAR GEGLIEDERT

Auf einem südexponierten Grundstück am Ortsrand von Lindenberg im Allgäu gelegen, öffnet sich die Giebelseite dieses Zweifamilienhauses mit Blick auf die Berge des Bregenzer Waldes. Dem durch seine einfachen Grundformen und Verwendung bodenständiger Materialien gut in die ländliche Umgebung integrierten Holzrahmenbau ist an der Südseite als eigenständige bauliche Form ein großer Balkon vorgestellt. Überdacht von einem weit auskragenden, auf separaten Stützen ruhenden Dachvorsprung, besticht dieser sowohl durch seine klare Geometrie als auch durch die Qualität seiner gestalterischen Details. Im Grundriß 4,5 x 2,5 Meter groß, sind die einzelnen Bauteile der insgesamt sehr leicht und luftig wirkenden Konstruktion wie folgt dimensioniert: Stützen 10/10 cm, Unterzüge 8/14 cm, Bodendielen 12/3 cm mit Hartholzfeder, Querriegel und Brüstungshölzer 5/5 cm, Handlauf 5/13 cm, oben mit 10° Gefälle angeschrägt sowie gerundeten Kanten.

Architekt: Dietrich Fink, München

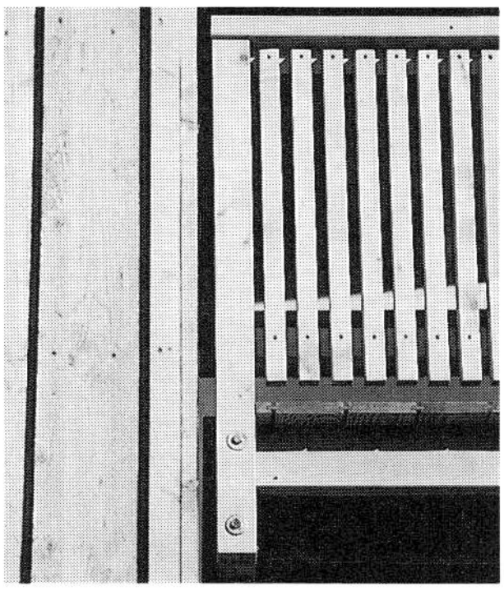

54 Ohne modische Anbiederung: Detail der Balkonbrüstung.

55 Balkon und Terrasse liegen unter dem weit auskragenden Vordach.

INDIVIDUALITÄT DURCH VARIATIONEN

56 Alle Häuser liegen um den von Bäumen gesäumten Weiher, auf den auch die meisten Balkone ausgerichtet sind.

57 Ein Freisitz auf jeder Etage: Für's Erdgeschoß eine Terrasse, für's Obergeschoß ein Balkon.

Am Stadtrand von Graz liegen um einen idyllischen, von Bäumen gesäumten Weiher zehn Einfamilienhäuser gleichen Typs. Durch ihre würfelartige Form (Höhe, Länge und Breite betragen jeweils 7,5 Meter) und die durchgehend gleiche Art der Holzverschalung sehr einheitlich im Aussehen, erhält jeder Kubus durch unterschiedliche Farbgebung des Holzes sowie die individuelle Gestaltung der Eingangsbereiche, Terrassen und Anbauten jedoch seine persönliche Note. Dazu zählen nicht zuletzt eine ganze Reihe von Erkern und Balkonen, die von den jeweiligen Bewohnern unterschiedlich ausgebaut werden konnten und sich dennoch dem Gesamterscheinungsbild der Siedlung anpassen. Die Balkone sind einfache Holzkonstruktionen, nicht selten mit den darunterliegenden Pergolen und Terrassen kombiniert, gelegentlich auch mit einem kleinen Dach versehen, das sich aus dem Zeltdach des Hauses entwickelt.

Architekten: Gruppe 3, Graz

58 Mit Phantasie wurde die Böschung überwunden: Ein origineller Freisitz in Form einer kleinen Kanzel.

59 *Ein originelles Baudetail an der Ostseite des Hauses: Ein kleiner Raucherbalkon.*

60 *Erst im Winter wird die gesamte Konstruktion der Terrassendecks sichtbar; im Sommer liegt sie hinter dem Laub der Bäume und Kletterpflanzen verborgen.*

ZWISCHEN HAUSMAUER UND BAUMKRONE

An einem Südhang in einem kleinen Dorf im Taunus haben sich, versteckt hinter großen Bäumen, zwei Architekten eine alte Stallscheune umgebaut, um dort zu arbeiten und zu wohnen. Durch die Hanglage bedingt, liegt die Eingangsebene des Hauses talseits fast eine Etage höher als das Grundstück. Um von dieser Ebene dennoch direkt ins Freie zu gelangen, ist ein großes Terrassendeck vor das Haus gestellt. Eine Konstruktion aus Holzbalken trägt die Terrassenebene 2,80 Meter über dem Boden. Nach Süden, zum tieferliegenden Garten hin, durch einen großen Baum begrenzt, schließen seitlich zum Haus hin aufsteigende Holzwände aus Fußbodendielen das Terrassendeck und machen es so zu einem zusätzlichen, vor Einblicken geschützten Wohnraum unter freiem Himmel. Zum Baum hin faßt ein transparentes Geländer aus vertikal gestellten Dachlatten die Terrasse. Dessen Transparenz setzt sich fort im Fußboden der Terrasse: Zum Baum hin sowie im rückwärtigen Bereich zwischen Hauswand und Konstruktion löst sich der geschlossene Dielenbelag durch einen Rost aus Dachlatten gleichfalls auf.

Architekten: Paul Werr + Siegrun Reuter, Frankfurt

61 *Ostansicht von Haus und Terrassendeck.*

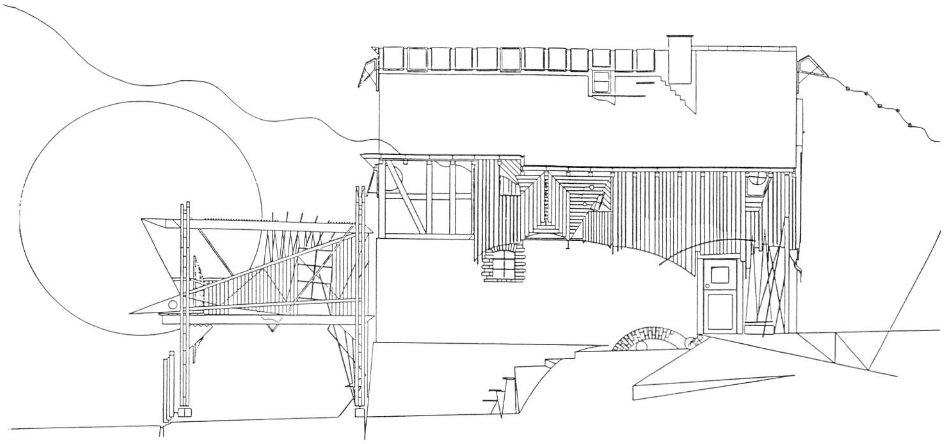

62 *Wohnen zwischen Haus und Baumkrone - mit Kaffeekanne und Zeitung.*

63 Große Schiebefenster verbinden Balkon und Wintergarten in der Hauptwohnebene.

RINGSUM NICHTS ALS LANDSCHAFT

Ein Grundstück wie aus einem Bilderbuch: Gerahmt von Feldern, Wiesen und Wäldern, öffnet sich von der Kante eines Hanges ein weiter Blick über die hügelige Landschaft südlich von Graz. Hier haben sich, in Erweiterung eines alten Stallgebäudes, zwei Pferdeliebhaber ein ungewöhnliches Wochenendrefugium gebaut. Getragen von insgesamt 18 Holzstützen, scheint das Haus fast über der Landschaft zu schweben. Zwei Balkone und die traufseitig liegenden Wintergärten verstärken diesen Eindruck noch. Die Wintergärten lassen sich über große Schiebefenster öffnen und machen so den großen Balkon im Erdgeschoß zu einem integralen Teil des Wohnbereiches. Den weitesten Blick über die Landschaft bietet jedoch ein kleiner Aussichtsbalkon im Obergeschoß, der von den dort liegenden Schlafräumen über eine kleine Brücke durch den Wohnraum zu erreichen ist.

Architekt: Ernst Giselbrecht, Graz, unter Mitarbeit von Kuno Kelih

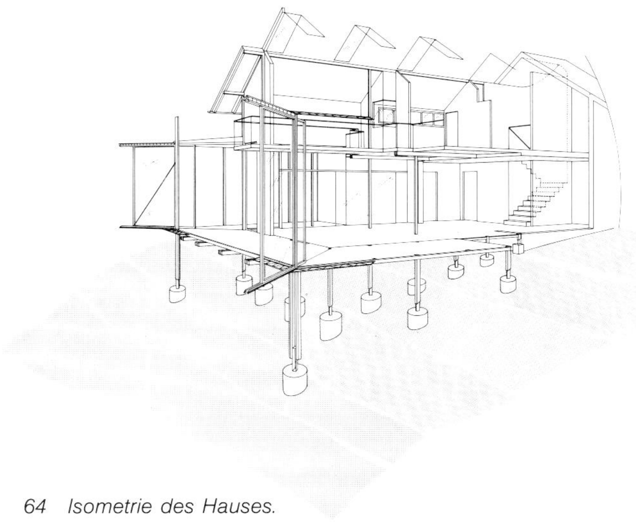

64 *Isometrie des Hauses.*

65 *Streng symmetrisch im Aufbau: Mit den beiden Balkonen, viel Glas und den Halterungen der Schiebefenster öffnet sich das Haus mit einer großen Geste zur Landschaft.*

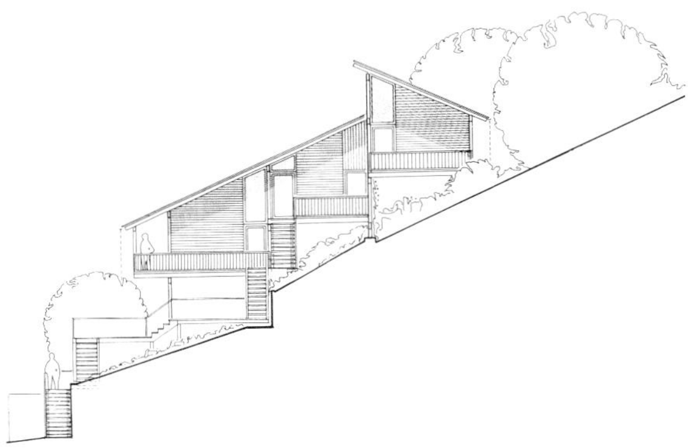

66 *Angepaßt an das Gefälle des Hanges: Ein Haus mit mehreren Wohnebenen und ringsum laufenden Balkonen.*

67 *Alle Balkone liegen geschützt unter den großen Dachüberständen der zwei gegensinnig geneigten Pultdächer.*

BALKONE AUF DREI EBENEN

An einem steilen Hang, einem früheren Weinberg, liegt hoch über dem Kochertal in Niedernhall dieses Einfamilienwohnhaus. Getragen von insgesamt 22 Stützen, scheint das als Holzskelettbau erstellte Haus fast über der Landschaft zu schweben. Entsprechend der Hangneigung ergeben sich drei stufenförmig gegeneinander versetzte Wohnebenen. Die großen Dachüberstände dienen nicht nur dem konstruktiven Holzschutz, sondern überdachen auch insgesamt 56 Quadratmeter Balkonfläche. Die Balkone sind jedem Raum als Übergangsbereich zum Freien vorgelagert und durch ihre unterschiedliche Tiefe differenziert nutzbar, zum Beispiel als geschützter Liegeplatz, zum Aufstellen von Tischen und Stühlen oder schlicht zum Reinigen der Fenster oder zum Streichen der Holzfassaden.

Architekt: Reiner M. Baumann, Niedernhall

68 Treppenläufe, Podeste und Stege erschließen als frei über der Erdoberfläche angeordnete Holzkonstruktion das Haus.

69 Vom sonnigen Balkon, der sich über die gesamte Südfassade des Gebäudes zieht, hat man einen weiten Blick in die umgebende Landschaft.

MIT WEITEM BLICK ÜBER DAS RHEINTAL

70 Blick aus dem Haus über den überdachten Freisitz in das Rheintal.

Mit einfachen Mitteln gebaut, ist dieses Haus trotz seiner strengen geometrischen Ordnung alles andere als simpel. Genau an der landschaftlich markanten Schnittstelle von Waldrand und Weinbergen am Rande von Gleisweiler, einem kleinen Winzerdorf in der Pfalz, gelegen, wird die Form des Hauses im wesentlichen von dem steil nach Südosten abfallenden Grundstück sowie den benachbarten Häusern bestimmt. Außerdem galt es, einen öffentlichen Wanderweg, der das Areal quert, zu erhalten. So entstand ein Haus in Form eines T: Das Querstück liegt dabei parallel zum Waldrand, während das Längsstück aus dem Hang herausragt. Da sich das Grundstück durch die Hanglage und den öffentlichen Fußweg nur begrenzt als Garten nutzen ließ, wurde im Obergeschoß ein großer überdachter Freisitz angelegt. Er umschließt das zentral gelegene Treppenhaus von drei Seiten, bietet der Familie Schutz vor Einsichtnahme und damit ausreichend Intimität und eröffnet zudem einen weiten Blick über das Rheintal.

Architekt: Peter Stürzebecher, Berlin/Hamburg

71 Geländer, Stützen und Träger aus Stahl ergänzen das lokaler Tradition entsprechend aus Holz und Sandstein gebaute Haus.

72 Das steile Hanggrundstück war die beste Voraussetzung, in dem aus dem Hang ragenden Längstrakt einen sonnigen Freisitz anzulegen.

73 Geschützt vor Wind und Wetter: Brennholz für den Winter, auf dem Balkon zwischengelagert.

zu Seite 53:
76 Grundriß des Hauses mit dem südorientierten Wintergarten.

77 Der Balkon vor dem Obergeschoß ist an den Traufseiten glasgedeckt; Stützen und Geländer dienen als Rankhilfe.

74 Der grüne Vorhang aus Kletterpflanzen schützt vor Einblicken von der Straße.

75 Die Frühstückslaube an der Südostseite rahmen Hopfen, Jelängerjelieber und Knöterich.

VERSTECKT HINTER PFLANZEN

Häuser aus Holz sind in waldreichen Gegenden nichts Ungewöhnliches. Nur selten freilich findet sich Holz als Baumaterial so konsequent und virtuos verwendet wie bei diesem Wohnhaus nahe Kötzting im Bayerischen Wald. Idyllisch am Rande eines kleinen Tales, mit Blick auf Wiesen und Wälder gelegen, ist das Haus - abgesehen vom Keller - ein reiner Holzskelettbau mit zwei Wohnebenen. Im Grundriß quadratisch, sind dem Kernhaus in beiden Ebenen ringsum laufende Balkongalerien vorgelagert. Sie schaffen einen geschützten Übergangsbereich zwischen Haus und Umgebung, der zu allen Jahreszeiten zum Wohnen im Freien genutzt wird. Durchgehend 1,80 Meter tief, weiten sich die Balkone neben dem Wintergarten im Erdgeschoß zu zwei jeweils 3,60 x 3,60 Meter großen Terrassen. Von dort gelangt man dann über Stufen und Treppen direkt in den Garten.

Architekt: Rudi Baumann, Grafenwiesen

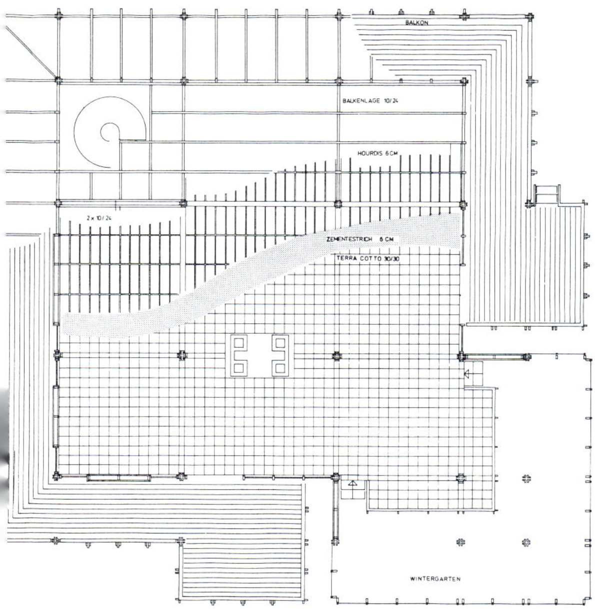

78 *Entwurfsskizze zur Wohngruppe.*

79 *Ein kleiner Stehbalkon akzentuiert die Ecke eines Hauses im zweiten Obergeschoß.*

STAHL, GLAS UND HOLZPLANKEN

Auf dem Lande wohnen ist der Traum vieler. Bei diesem in Rein nahe Graz gelegenen »Wohnmodell Eisbach« haben sich zwei Dutzend Familien zusammengefunden und das gemeinsam verwirklicht. Sechs Häuser mit jeweils vier Wohneinheiten liegen halbkreisförmig um einen nach Nordosten abfallenden Hang, so daß sich ein nach Südosten offener Wohnhof mit Blick über die hügelige Landschaft der Umgebung ergibt. Skulpturale Elemente bestimmen die individuelle Form der einzelnen Häuser. Dazu zählen unter anderem eine ganze Reihe unterschiedlicher Terrassen und Wohnbalkone. In der Regel zum Hof hin orientiert, bieten sie vor jeder Wohnung die Möglichkeit zum geschützten Aufenthalt im Freien. Die mit Holzplanken ausgelegten Balkone ruhen auf einer Grundkonstruktion aus schmalen Stahlprofilen, die der Fassade jeweils vorgehängt oder vorgestellt ist. Zum Schutz vor Wind und Wetter sind die Balkone zudem meist mit Glas überdacht; gleichzeitig überdachen eine Reihe von Balkonen wiederum selbst die unter ihnen liegenden ebenerdigen Terrassen.

Architekten: Michael Szyszkowitz + Karla Kowalski, Graz

81 *Ausreichend groß, um von einer ganzen Familie als Sitzplatz im Freien genutzt zu werden: Einer der Balkone mit darunterliegender Terrasse, im Hintergrund die Glasüberdachung eines der Treppenhäuser.*

80 Die Balkone, viel Glas und Terrassen verbinden die individuellen Baukörper zu einem expressiven Gesamtbild.

EIN HAUS MIT SCHNABEL UND FLÜGEL

82 Sonnensegel und Wisterien lassen den Hauptbalkon laubenartig erscheinen.

83 Die Südfassade des Hauses; vor dem Giebel befindet sich der kleine Schnabelbalkon.

84 Der Wohnbalkon ist zugleich Dach für die Gartenterrasse.

Einfamilienhäuser sollten nicht wie ein Ei dem anderen gleichen. Unverwechselbar ist zweifellos dieses Haus in Graz mit seinem fast schon skulptural anmutenden Baukörper. Gebaut an einem nach Südwesten abfallenden Hang, orientiert sich der Bau durch diagonales Verschwenken der Hauptachse eindeutig nach Süden, hin zu Licht und Sonne. Bedingt durch die Böschung, liegt die von der Straße her ebenerdig zugängliche Hauptwohnebene von der Gartenseite aus gesehen im Obergeschoß. Ein vorgestellter Balkon, vom Hauptwohnraum aus direkt zu erreichen und inzwischen von Wisterien eingewachsen, ergänzt die Wohnung um ein grünes Zimmer im Freien. Zugleich überdeckt er die darunterliegende Gartenterrasse. Ein deutlich kleinerer und mit einem schnabelartig gestalteten Geländer gefaßter Balkon findet sich vor dem Schlafzimmer, das im markanten Giebel des Hauses liegt.

Architekten: Michael Szyszkowitz + Karla Kowalski, Graz

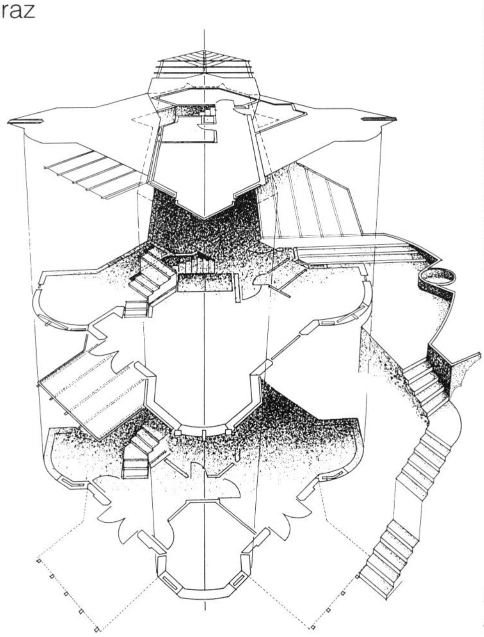

85 Explosions-Isometrie des Hauses.

86 Das Haus in der Draufsicht: Drei Grasdächer, Oberlichtbänder und die Balken der Pergolen bestimmen das Bild.

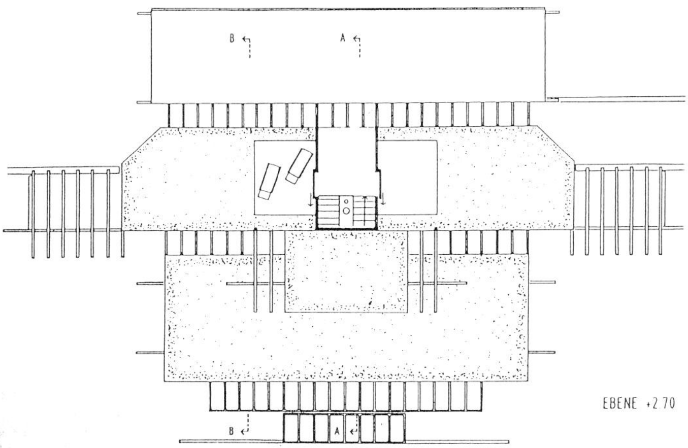

87 Blick vom Eßbereich auf die Terrasse an der Westseite des Hauses.

IN EINEM TEPPICH AUS GRÄSERN

Holz und Glas sind die dominanten Baumaterialien dieses Einfamilienhauses im pfälzischen Busenberg. Am Ortsrand mit weitem Blick über die hügelige Landschaft gelegen, resultiert die Form des Hauses aus der möglichst umfassenden passiven Nutzung der Sonnenenergie. Nach Norden zu weitgehend geschlossen, ist die Südseite des Hauses voll verglast und läßt, unterstützt durch die vertikale Gliederung mit Halbgeschossen, die Sonne bis in dessen hinterste Winkel dringen. Zwei kleine, vor dem Haus liegende Teiche verstärken die Einstrahlung durch Reflexion.
Alle horizontalen Dachflächen des Hauses sind extensiv mit Grasdächern begrünt; sie dienen als Wärmespeicher und zur Wärmedämmung. In zwei der begrünten Dachebenen sind Dachterrassen integriert, überdacht von einem kleinen Grasdach auf der unteren Dachebene und beidseits des Turmzimmers auf der zweiten Dachebene. Sie ergänzen die zwei großen, von Pergolen überstellten Terrassen, die an der Ost- und Westseite der Hauptwohnebene jeweils zum Garten hin orientiert liegen.

Architekten: Erich Schneider-Wessling, Köln, + Claus Steffan, München

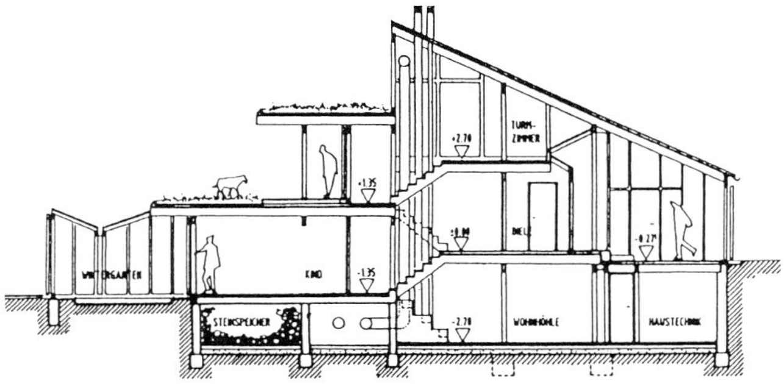

88 Der Schnitt zeigt, wie sich das Haus zur Sonne hin öffnet und Grasdächer den Wohnebenen auf- und vorgelagert sind.

89 Freisitze finden sich in jeder Wohnebene des Hauses: Der Garten vor dem Wintergarten, die Terrassen mit Blick auf den Teich in der Hauptwohnebene, die überdachte Dachterrasse im ersten Obergeschoß und offene Dachterrassen beidseits des Turmzimmers.

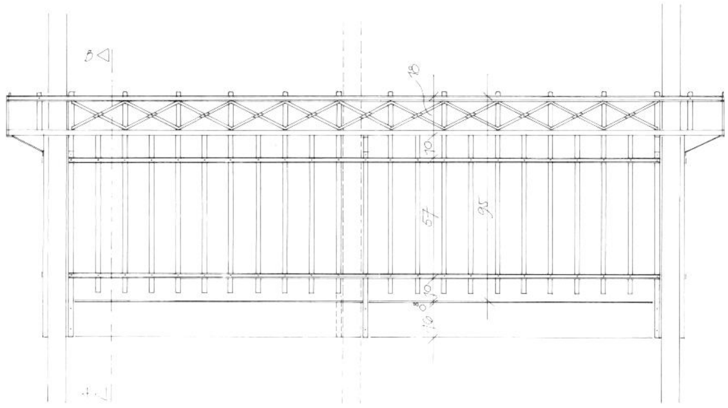

90 *Detail des neuen Balkongeländers.*

91 *Die aus Stahl gebauten neuen Hofbalkone stehen frei vor der Fassade.*

NEUES AN UND AUF EINEM ALTEN HAUS

Immer häufiger werden in Städten heute Dachgeschosse nachträglich zu Wohnungen ausgebaut. Nicht selten ist damit der Wunsch nach einem privaten Freisitz schon vor dem Bezug der eigenen Wohnung verbunden. Ein Beispiel dafür ist der Umbau dieses dreigeschossigen Eckhauses aus der Zeit der Jahrhundertwende in München-Neuhausen. Unter dem Dach befand sich ursprünglich nur eine Wohnung; im Zuge des Umbaus entstanden dort dann drei große Galeriewohnungen mit Dachterrassen. Diese konnten zweien der Wohnungen hofseitig im vierten Geschoß vorgelagert werden. Aus Platzgründen war das bei der Eckwohnung nicht möglich; der Denkmalschutz ließ zudem auch straßenseitig keine neuen Balkone oder Dacheinschnitte zu. So kam es zu der eher unkonventionellen Lösung, die erwünschte Dachterrasse über dem Treppenhaus im fünften Geschoß anzulegen. Auch die alten Balkone mußten straßen- und hofseitig wegen Baufälligkeit erneuert werden. Dazu wurden der Hofseite des Hauses neue Stahlkonstruktionen vorgestellt. Wie bei den alten Balkonen ist dabei in das neue Geländer auch wieder eine Halterung zum Aufstellen von Blumenkästen und -töpfen integriert.

Architekten: Bernd Reumann und Eva Nuytten, München

92 Vor dem Umbau: Im Dachgeschoß lag nur eine Wohnung mit kleinem Balkon.

93 Nach dem Umbau: Im Dachgeschoß gibt es jetzt drei Wohnungen mit Dachterrasse; eine der Terrassen liegt über dem Treppenhaus.

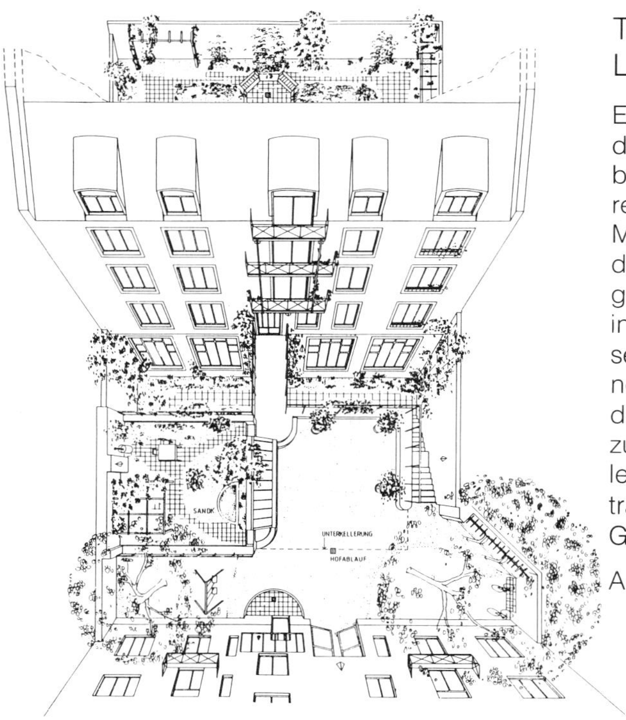

94 *Wie alle Balkone ist auch der Südbalkon vor dem ausgebauten Dachgeschoß mit Holzplanken belegt und einem transparenten Metallgitter gefaßt.*

95 *Die Balkone des Rückgebäudes und des Vorderhauses (unten) sind zu dem für alle Hausbewohner neugestalteten Hof hin orientiert.*

TRANSPARENT UND LICHTDURCHFLUTET

Ein Anwesen mit Vorder- und Rückgebäude aus der Gründerzeit, nicht weit vom Münchner Ostbahnhof entfernt gelegen, wurde umfassend renoviert. Dazu zählte auch der Umbau des Mansarddaches im Rückgebäude zu zwei individuellen, von der Nord- bis zur Südseite durchgehenden Wohnungen. Zwei auf der Nordseite in die Dachkonstruktion eingeschnittene Terrassen sowie ein Balkon auf der Südseite erhöhen noch deren Wohnwert. Auch die Wohnungen in den darunterliegenden Geschossen erhielten zum Hof hin neue Balkone. Erstellt aus Stahlprofilen mit Gitterfüllungen, wirken sie leicht und transparent und fügen sich so sensibel in das Gesamtbild ein.

Architekten: Peter Völkner & Partner, München

AN DER MAUER, AUF DER MAUER

Selten nur reihen sich Neubauten so nahtlos in alte Bausubstanz ein wie diese Häuser am Ellerbach in Bad Kreuznach. Auf und an der früheren Stadtmauer gelegen, waren fünf von acht Häusern einer historischen Hauszeile nach Jahren des Verfalls in so schlechtem Zustand, daß sie von Grund auf erneuert werden mußten. Die individuelle Form der einzelnen Häuser ergab sich aus dem Vorbild der alten Gebäude - mit unterschiedlichen Breiten und Höhen, Farben und Materialien sowie Gestaltungsdetails. Dazu zählen auch die dem früheren Zustand nachempfundenen Balkone, die je nach Haus als Holz- oder Metallkonstruktion ausgeführt sind. Sie öffnen die Wohnungen nach Süden hin und bieten mit ihrer Aussicht auf die von Bäumen gesäumte Nahe, in die hier der Ellerbach mündet, das Gefühl, im Grünen zu wohnen.

Architekten: Heinz-Dieter Gerharz + Michael R. Frank, Bad Kreuznach

96 Blick von dem mit einem leichten Metallgeländer gefaßten und von einer hellen Markise überdachten Balkon im Obergeschoß des Hauses, das in Abbildung 97 rechts steht.

97 Je nach Haus sind die Balkone unterschiedlich gestaltet - teils offen, teils wie ein Wintergarten verglast.

KLIMAPUFFER UND KLETTERPFLANZEN

Nach ökologischen Kriterien umfassend saniert, ist dieses im Jahre 1898 errichtete Mietshaus in München-Haidhausen inzwischen zu einem vieldiskutierten Modellprojekt avanciert. Die ursprünglich nach Norden zur Straße hin orientierten Wohnungen öffnen sich nach dem Umbau nun auch zum ruhigen Hof hinter dem Haus. Bedingt durch die Südlage der Hofseite sind dort jeder Wohnung kleine Balkone und als Klimapuffer zudem Wintergärten vorgelagert. Sie lassen sich mit großen Ganzglasflügeln öffnen und sind so auch als Balkone nutzbar.

Architekten: Per Krusche, Braunschweig + Rudolf Meißner, Waldthurn

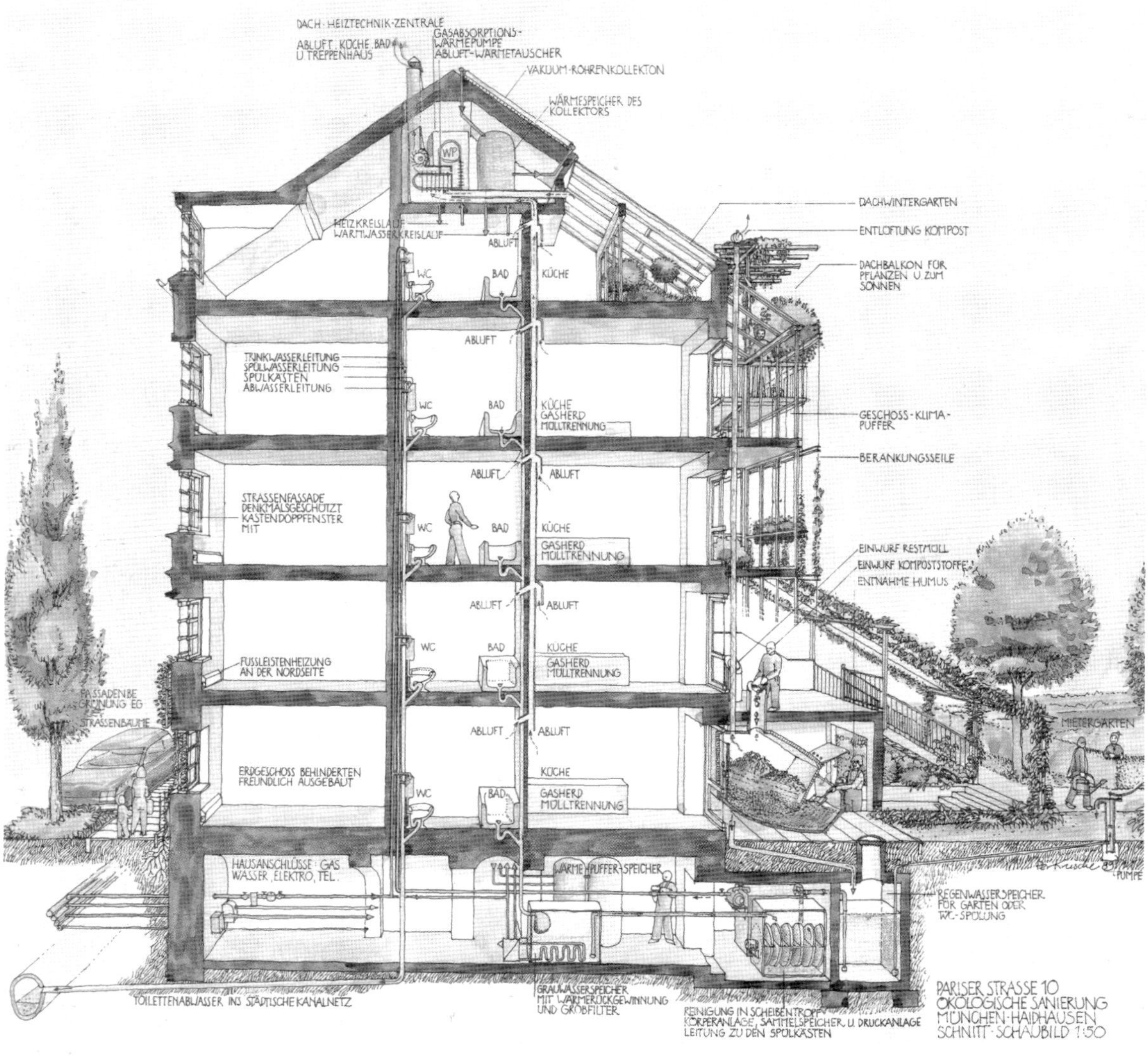

98 Schemaskizze mit Darstellung der Funktionen.

99 Vor dem Obergeschoß liegt ein großer Gemeinschaftsbalkon für alle Hausbewohner.

100 + 101 Die Südfassade kurz nach Fertigstellung (links) und wenige Jahre danach (unten): Kletterpflanzen, gezogen an der Fassade durch vorgespannte Stahlseile, lassen das Gebäude wie eine eingewachsene Gartenlaube erscheinen.

EIN FREISITZ VOR JEDER WOHNUNG

Im Glockenbachviertel in München stehen eine ganze Reihe ansehnlicher, in der Gründerzeit entstandener Mietwohnhäuser. In der Regel vier bis fünf Geschosse hoch, sind die Hofflächen im Vergleich zu den Gebäuden jedoch eher klein. So auch an diesem fünfgeschossigen Haus, dessen denkmalgeschützte Gartenseite nach Norden zeigt. Die dort jeder Wohnung vorgelagerten kleinen alten Balkone wurden im Zuge der Sanierung des gesamten Hauses durch neue große Balkone ersetzt. Sie ruhen auf einer der Hofseite vorgestellten Stahlkonstruktion und sind, um möglichst viel Platz zu schaffen, vor dem Austritt der Wohnungen jeweils halbkreisförmig aufgeweitet. Die Balkone finden sich bis zum dritten Obergeschoß. Im vierten Obergeschoß und vor dem neu ausgebauten Dachgeschoß liegen kleine Dachterrassen. Mit dem gleichen Geländer gefaßt wie die Balkone, treten sie hinter die Bauflucht des jeweils darunterliegenden Geschosses zurück.

Architekt: Falk von Tettenborn, München

102 Ansicht der Hofseite im Entwurf.

103 Die Hofseite nach dem Umbau, von einem Nachbarhaus gesehen.

104 Halbkreisförmig aufgeweitet: Die Balkone vor dem Austritt der Wohnungen.

105 Solide Handwerkskunst: Detail der aus Stahlbändern hergestellten Balkongeländer.

PFLANZEN VON UNTEN BIS OBEN

Mitten in München, im Stadtteil Lehel, steht dieses fünfgeschossige Haus aus der Zeit der Jahrhundertwende. Im Zuge der umfassenden Renovierung von Haus und Hof wurde auch das Dachgeschoß zum Wohnen ausgebaut und dabei auf der Südseite, eingeschnitten in das Dach, eine kleine Dachterrasse angelegt. Sie ist inzwischen ebenso üppig mit Pflanzen bewachsen wie die Balkone der darunterliegenden Wohnungen. Diese ruhen auf aus der Fassade vorkragenden Stahlträgern und brauchten neue Geländer. Per Zufall fanden sich an einem Abbruchhaus dem Original sehr ähnliche Geländer. Planung: Wolf Eglinger + Hartmut Mumme, München

106 Ein individuelles Refugium mit südlichem Flair: Die gepflasterte Dachterrasse mit zahlreichen Kübelpflanzen, Stauden und Gehölzen.

107 Kletterpflanzen und Topfblumen machen die Balkone zu grünen Freisitzen, vom Dach leuchten (von links) Sanddorn, Essigbaum, Ahorne und ein Wacholder in der Herbstsonne.

108 *Die neuen Balkone vor einem der modernisierten alten Häuser sind den Gebäuden vorgeständert und vor dem Obergeschoß mit einem Glasdach versehen.*

WOHNEN
ÜBER DIE WOHNUNGSTÜR HINAUS

Entstanden in den 50er Jahren, wird diese Siedlung südlich der Stadtmitte von Waldkraiburg derzeit Schritt für Schritt modernisiert und saniert. Dazu gehört auch, die bislang wenig genutzten Bereiche zwischen den Häusern sinnvoll mit Neubauten zu ergänzen, die sich im Aussehen und in der Höhe an die bestehenden Wohngebäude anpassen. Ergänzend zum Gemeinschaftsgrün erhält dabei jede Wohnung einen eigenen, privat nutzbaren Freiraum: im Erdgeschoß einen kleinen Garten, über eine Terrasse direkt von der Wohnung aus zu erreichen, in den Obergeschossen entsprechend Balkone. Die Konstruktionen bestehen aus farbig lackierten Stahlprofilen und -rohren, die entweder an die Fassade angehängt oder davorgestellt werden. Jeweils 1,60 x 3,00 Meter groß, sind sie mit Holzbohlen ausgelegt und am Geländerabschluß so ausgebildet, daß die Bewohner dort auch Blumenkästen und -töpfe aufstellen können. Zum Schutz vor Schnee und Regen ist über dem obersten Balkon ein Glasdach angebracht worden.

Architekten: Franz Dirtheuer + Johann Ebe, München

109 *Das mittlere Haus in diesem Ausschnitt des Quartiers ist ein Neubau und von Anfang an mit Balkonen versehen; auch die alten Häuser daneben erhielten nachträglich Balkone.*

110 *Die Obergeschosse der neuen Häuser sind mit glasgedeckten Laubengängen erschlossen; vor einigen Wohnungstüren sind diese halbkreisförmig aufgeweitet, um dort mehr Platz zu schaffen.*

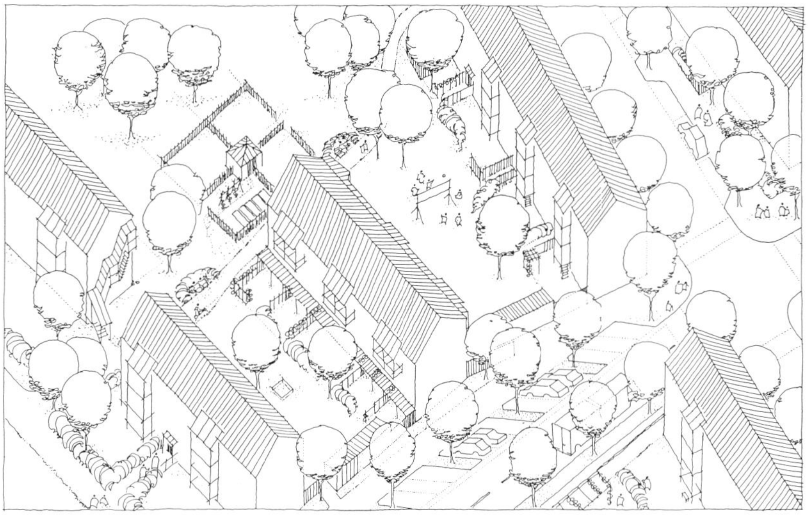

111 Der zum neuen Garten orientierten Südfassade des Hauses sind Balkone vorgestellt; auf dem alten Anbau wurde eine Dachterrasse mit Wintergarten angelegt.

112 + 113 Details aus Rundstahl: Ein Handlauf und die Balkongeländer.

ZUM NEUEN GARTEN HIN ORIENTIERT

Daß dies früher eine Internatsschule war, sieht man diesem Wohnhaus in Freising heute kaum mehr an. Errichtet Anfang der 50er Jahre, war es nach Auslagerung des Schulbetriebes zu Beginn der 80er Jahre schon zum Abbruch freigegeben, als ein privater Bauträger seinen Wert erkannte und es zu einem Haus mit zwölf Wohnungen umbauen ließ. Während der Baukörper von außen gesehen erhalten blieb, mußte das Innere des Hauses von Grund auf umorganisiert werden. Der Zugang, früher von der Hofseite her, erfolgt nun von den an der Nord- und Ostseite des Gebäudes vorbeiführenden Straßen. So wurde Platz für einen neuen Garten auf der Südseite des Hauses geschaffen. Alle Wohnungen sind jetzt dorthin und damit zur Sonne orientiert. Den Wohnungen im Erd- und Obergeschoß sind jeweils Balkone vorgestellt; über sie haben die Bewohner des Erdgeschosses auch einen direkten Zugang in den Garten. Aus Stahlrohren, Rundstahl, H-Trägern und Blechen als Belagflächen gebaut, fügen sie sich dezent in die feingliedrige Struktur der Südfassade ein. Ein erdgeschossiger Anbau vor dem Westflügel des Hauses wurde schließlich dazu genutzt, vor der dort im Obergeschoß liegenden Wohnung eine große Dachterrasse mit Wintergarten anzulegen.

Architekt: Falk von Tettenborn, München

114 Kleine Treppen führen von den Balkonen des etwas erhöht liegenden Erdgeschosses direkt zum Garten.

BALKONE UND LOGGIEN ALS EINE ZWEITE HAUT

115 Die villenähnlich gestalteten Wohnbauten liegen zur grünen, von alten Bäumen überstellten Mitte hin orientiert.

Neun dreigeschossige Wohnbauten, dem Charakter der umgebenden Bebauung entsprechend villenähnlich gestaltet und entlang eines zentralen grünen Angers mit altem Baumbestand aufgereiht: Das ist das Modellprojekt »Integriertes Wohnen« in München-Nymphenburg auf den ersten Blick. Entstanden im Rahmen des sozialen Wohnungsbaus, wohnen und leben hier seit mehreren Jahren ganz unterschiedliche Menschen unter einem Dach und ohne trennende Zäune zusammen - Alleinerziehende, Familien, Alte, Behinderte und Aussiedler. Diesem sozialen Programm entsprechend differieren die Wohnungsgrößen von eineinhalb bis sechs Zimmern. Um die Wohnungen individuell zu erweitern, haben die Architekten dem Grundkubus der Kernhäuser eine »zweite Haut« von Anbauten und Balkonen, von Loggien und Wintergärten vorgelagert. Das Maß für deren Größe und Tiefe ist der weite Dachüberstand, der mit den Vorbauten und den hellen Fassadenfarben der Siedlung ein heiteres, fast südlich anmutendes Bild gibt. Die Balkone und Loggien öffnen die Wohnungen der oberen Geschosse zur Umgebung; transparente Geländer aus Gittern und Rundstäben unterstützen diesen Effekt. Die leichten Rundungen an den Balkonvorderseiten sind nicht nur aus Gründen der Gestaltung entstanden, sondern dienen vor allem auch dazu, die im sozialen Wohnungsbau geforderte Tiefe der Balkone zu erreichen.
Architekten: Otto Steidle + Partner, SEP - Jochen Baur + Patrick Deby, München

116 Alle Freisitze vor den Wohnungen der Obergeschosse liegen geschützt unter dem weiten Dachüberstand.

117 Die Balkone und Loggien bewirken eine lebhafte, von Haus zu Haus unterschiedliche Gliederung der Fassaden; die Ausrundung der Balkonvorderseite ist mit leichten Gitterrosten ausgelegt.

118 An und hinter der Gitterbrüstung dieses Balkons wächst eine bunte Vielfalt unterschiedlicher Pflanzenarten: Kletterpflanzen, Koniferen und eine Yucca.

INDIVIDUELLES WOHNEN IN DER ZEILE

119 Obwohl industriell vorgefertigt, machen die mit transparenten Geländern und leichten Profilen aus Stahl gefaßten Balkone die Individualität des Wohnens in der Zeile schon von außen deutlich.

Zwei mehr oder weniger parallel verlaufende Zeilenbauten, zusammengesetzt aus locker verbundenen Stadthäusern mit insgesamt 108 Wohnungen, dazwischen Mietergärten - damit ist die Wohnanlage an der Bessunger Straße in Darmstadt nüchtern definiert. Entstanden im engen Rahmen des sozialen Wohnungsbaus, überrascht diese allerdings durch ihr heiter-expressives Aussehen und eine Fülle ungewöhnlicher Detaillösungen. Dazu zählt unter anderem, daß zu jeder Wohnung ein privater Freiraum gehört - im Erdgeschoß kleine Gartenhöfe, in den Obergeschossen entsprechend Balkone, Dach- und Wintergärten. Konsequent zur Sonne hin ausgerichtet, prägt vor allem der Rhythmus der weit ausladenden Balkone, Loggien und Wintergärten ganz maßgeblich das Erscheinungsbild der Südfassaden. Diese Vorbauten erweitern den Wohnraum und können zudem in den Übergangszeiten als passiver Sonnenkollektor genutzt werden. Die kleinen Dachgärten im dritten Obergeschoß öffnen sich ebenfalls ausschließlich nach Süden. Sie sind durch Weglassen des Kuppelzimmers entstanden und daher von drei Seiten geschlossen und geschützt. An der Nordfassade wird der bekannten Sterilität von Zeilenbauten dadurch entgegengewirkt, daß die Wohnungen im zweiten und dritten Obergeschoß, ausgehend von luftig-heiteren Treppenhäusern, über kurze Laubengangstiche erschlossen sind. Ihnen wiederum sind große, teils mit Kletterpflanzen bewachsene Wandspaliere vorgehängt, durch die ein Laubengang erst entsteht.

Architekt: Rüdiger Kramm, Darmstadt

120 Vorspringende Wintergärten, glasgedeckte Balkone und hinter der Fassade liegende Dachgärten ergeben sehr plastische Baukörper.

121 Von lichtdurchfluteten Treppenhäusern führen mit großflächigen Wandspalieren verblendete Laubengangstiche zu den Wohnungen der Obergeschosse.

122 Zwei der Dachgärten im dritten Obergeschoß, zu denen bereits ein Knöterich hochgeklettert ist: Sie sind nach Süden offen.

123 *Oben: Blick in den Wohnhof mit darunterliegender Tiefgarage.*

124 *Unterschiedlich tief: Zwei der Balkone vor dem ersten und zweiten Obergeschoß.*

LUSTVOLL GESTALTETE FORMENVIELFALT

Vorstädte sind oft gesichtslos, uniform und daher beliebig austausch- und ersetzbar. Um so mehr fallen natürlich Wohnanlagen wie diese am westlichen Stadtrand von Graz ins Auge. Das Areal galt als schwierig: Von einem Mosaik aus Brach-, Gewerbe- und Siedlungsflächen umgeben, ist es an zwei Seiten von Straßen begrenzt, eine davon mit lebhaftem Durchgangsverkehr. Deswegen schütteten die Architekten zu den Straßen hin mannshohe Erdwälle auf und gruppierten die Häuser dahinter so, daß ein ruhiger Innenhof entstand. Um diesen Wohnhof, der mit einer Tiefgarage unterkellert ist, liegen sieben miteinander verbundene Häuser mit insgesamt 43 Wohneinheiten und ebensovielen unterschiedlichen Grundrissen. Maximal bis zu vier Geschosse hoch, verschmelzen die stark gegliederten Baukörper mit ihrer von Terrassen, Balkonen, Laubengängen und Treppen dominierten Außenhaut zu einem expressiven architektonischen Bild. Einige Balkone liegen auf Betonplatten, die aus der Fassade vorkragen, andere auf Stahlkonstruktionen, die dem jeweils darunterliegenden Bauteil aufgesattelt sind. Unterschiedlich überdacht und inzwischen auch bepflanzt, dokumentieren sie schon von außen die Individualität der einzelnen Wohnungen und ihrer Bewohner.

Architekten: Michael Szyszkowitz + Karla Kowalski, Graz

125 Zur Sonne hin abgetreppt: Die nördliche Hauszeile ist vielfältig von Balkonen gegliedert.

126 Auch Ecken und Nischen sind phantasievoll zur Anlage von Balkonen genutzt.

127 Die aus Stahl gebauten Balkone liegen über den Resten der alten, in das Gebäude integrierten Stadtmauer.

VOR UND HINTER DER FASSADE

Das Wohnprojekt »Postgraben« in Speyer ist ein Beispiel dafür, wie sich auch in eng bebauten und mit Gewerbebetrieben durchsetzten Stadtquartieren zeitgemäße Wohnungen schaffen lassen. Auf Resten der alten Stadtmauer entstand eine neue, langgestreckte Wohnzeile, deren Enden turmartige Aufbauten markieren. Jede der Wohnungen verfügt über einen Balkon von gut sechs Quadratmetern Grundfläche: Zwei Drittel davon liegen vor der Fassade, ein Drittel der Fläche ist loggienartig in die Fassade eingezogen. Gebaut aus blau lackierten Stahlblechen, -gittern und -profilen, sind sie durch ihre vertikale Anordnung in der Fassade zudem ein leicht und transparent wirkender Beitrag zur Gliederung des langgestreckten Baukörpers.

Architekten: Felix - Hennel - Grimke & Partner, Karlsruhe

128 Die Balkone wachsen aus dem Gebäude und sind so integraler Teil der einzelnen Wohnungen.

129 Die hellen Kalksandsteine und das lilafarbene Balkongeländer bewirken ein heiteres Ambiente.

DEM HAUS VORGESTELLT

Lilafarben gestrichen sind die Balkongeländer dieser zwei Häuser mit je vierzehn Geschoßwohnungen am Rande der Altstadt von Ettlingen. Das Besondere der Balkonkonstruktion ist, daß diese auf der Decke der Tiefgarage als vom Gebäude unabhängiges Bauteil steht. Alle Stützen sind aus Kalksandstein gemauert, die Balkonplatten als Sichtbetontröge vorgefertigt und mit einem Belag aus Holzrosten ausgelegt. Zwischen Gebäude und Balkonplatte liegt als bewegliches Element eine Kastenrinne zur Entwässerung. Die Balkongeländer sind aus Stabeisen hergestellt. Durchgehende Tragpfosten, die vor den Obergeschossen laubenartig bis zum Dach weitergeführt sind, dienen zugleich verschiedenen Kletterpflanzen als willkommene Rankhilfe.

Architekten: Eva-Maria + Robert Langensteiner, Ettlingen

130 Ganz nach Gusto bepflanzt: Unten lachsfarbene Pelargonien, darüber Wilder Wein.

131 *Isometrie der Anlage: Wohnrondell und Verbindungstrakt sind durch Treppenhäuser und Balkone in acht Hausteile untergliedert.*

VIELFALT TROTZ VORFERTIGUNG

Transparent und durchlässig gestaltete Übergänge zwischen Haus und Freiraum sind die besten räumlichen Voraussetzungen, drinnen und draußen zugleich zu wohnen. Ein vielgelobtes Beispiel dafür ist diese »Lima« genannte Wohnanlage in der Südlichen Friedrichstadt in Berlin. Erbaut unter Mitarbeit der Mieter, entstanden hier insgesamt 48 neue Wohnungen. Sie liegen um einen zentralen, im Grundriß halbkreisförmigen, begrünten Innenhof. Die Anlage schließt die bis dahin offene Ecke eines Baublocks und nimmt nur am Übergang die Höhe der bestehenden Bauten auf, um dann in eine dreigeschossige Bauweise überzugehen. Sieben Durchgänge am Fuße der verglasten Treppenhäuser erschließen

den Hof und gliedern zugleich den Block in acht Hausteile. Den Eindruck von Offenheit des Baukörpers verstärken großzügig bemessene Balkone, die von schlanken Betonsäulen getragen werden. In unterschiedlicher Höhe und mit wechselndem Abstand vor die Fassade gesetzt, haben sie über ihre tragende Funktion hinaus auch einen dekorativ-skulpturalen Wert. Ähnliches gilt für die Balkone: Trotz standardisierter Vorfertigung geben sie mit ihren Vor- und Rücksprüngen den Fassaden ein überaus lebendiges Aussehen. Auch der Bewuchs mit Pflanzen trägt ganz wesentlich zum individuellen Erscheinungsbild der gesamten Anlage bei.

Architekten: Herman Hertzberger, Amsterdam, mit Hinrich + Inken Baller, Berlin

132 Private und gemeinschaftliche Freiräume scheinen ineinander überzugehen, große Fensterflächen und verglaste Treppenhäuser schaffen Transparenz.

133 Die Balkonplatten liegen auf schlanken, dem Gebäude vorgestellten Betonstützen.

134 Mal mit mehr, mal mit weniger, aber nie ganz ohne Pflanzen: Balkone und Terrassen vor dem Verbindungstrakt im Hof.

135 *Kletterpflanzen überwachsen die Balkone des Torhauses.*

UNVERWECHSELBAR EXPRESSIV UND SCHWUNGVOLL

Allein schon die phantasievolle Gestaltung der Fassaden hat diese Wohnbebauung am Fraenkelufer in Berlin-Kreuzberg zu einer ebenso unverwechselbaren wie vielbeachteten Anlage gemacht. Aufgabe der Architekten war es, zwei Baulücken in der vorhandenen Blockrandbebauung zu schließen und vor einer südexponierten Brandwand im dahinterliegenden Hof neue Wohnungen zu schaffen. Die Südlage der Brandwand wurde dazu genutzt, ihr einen langgestreckten Wohnriegel vorzustellen. Er wird durch dreigeschossige Vorbauten gegliedert und öffnet sich mit großen Fensterflächen und schwungvollen, weit vorspringenden Balkonen zur Sonne hin. In der gleichen Formensprache gehalten sind die beiden »Torhäuser«, mit denen die Baulücken geschlossen werden (ihr Name rührt daher, daß dort im Erdgeschoßbereich breite Durchgänge offengehalten wurden); über sie gelangt man von der Straße in den begrünten Hof. Über die Neubauten mit insgesamt 88 Wohnungen hinaus wurden auch die den Torhäusern benachbarten Altbauten umfassend saniert. Dazu zählte nicht nur, schon vorhandene Balkone zu renovieren, sondern auch eine ganze Reihe von Wohnungen nachträglich mit Balkonen zu versehen.

Architekten: Hinrich + Inken Baller, Berlin

136 *Nachträglich vorgebaut: Neue Balkone vor den renovierten Altbauten beidseits der Torhäuser.*

137 *Entwurfsskizze des Projektes*

138 Der Wohnriegel vor der Brandwand mit den dreigeschossigen Vorbauten öffnet sich mit großer Geste und Schwung nach Süden.

139 Vorspringende, an der Vorderseite leicht nach oben gezogene Balkone und spitze Dachgauben bestimmen das Bild der Fassade.

WOHNEN MIT UND HINTER BALKONEN

Fast scheint es hinter seinen Balkonen versteckt, dieses viergeschossige Wohn- und Geschäftshaus in Oberursel bei Frankfurt. Sie laufen rings um das Gebäude, das solitär auf einem von großen Bäumen gefaßten Gartengrundstück steht. Die ursprüngliche Idee des Entwurfs war es folglich auch, das Haus als Gartenhaus zu sehen und von oben bis unten mit einem natürlichen Vorhang von Pflanzen überwachsen zu lassen. Das sollte von den Bewohnern ausgehen, ist bislang allerdings nur in Ansätzen realisiert. Besonderes Merkmal der Balkone ist, daß sie unterschiedlich weit aus der Fassade auskragen. Das ermöglicht es, sich zu sehen und von Balkon zu Balkon zu unterhalten. Zugleich gibt diese Überschneidung der Fassade eine Plastizität, die in ihrer räumlichen Struktur an sich überlappendes Blattwerk erinnern soll. Auch die expressive Form des Geländers ist Pflanzen nachempfunden. Die Konstruktion aus Rundstahl und dreieckigen Stahlblechen stellt symbolhaft Grashalme dar, deren unterschiedliche Neigung durch den Wind bedingt ist. Diese allegorische Gestaltung der Außenhaut des Gebäudes setzt sich übrigens mit der Haupttreppe im Innern des Gebäudes fort: sie ist gestaltet in Form einer veritablen Girlande, die als Stahlkonstruktion vom Dachgeschoß nach unten hängt.

Architekten: Hinrich Baller + Doris Piroth, Berlin

140 In die Fassade integriert ist eine Wendeltreppe, die als zweiter Fluchtweg des Hauses vom Garten bis zur Dachterrasse reicht.

141 Jeder der Einzelstäbe des Geländers hat eine andere Neigung, keiner steht in der Vertikalen.

142 Die Vor- und Rücksprünge der Balkone ergeben eine sehr plastische, von den Geländern und Pflanzen zusätzlich akzentuierte Fassade.

143 Ein Balkon wird zur Laube – mit Kletterpflanzen wie zum Beispiel Bohnen.

144 Ein Spiel mit Farben und Formen: Laubengänge und Treppen an der Nordseite des Hauswalls.

146 Wie Schwalbennester sind die Balkone der Südfassade des Hauswalls vorgehängt.

145 Südansicht des 150 Meter langen Hauswalls mit insgesamt 45 Wohnungen.

SCHWALBENNESTER IN LUFTIGER HÖHE

Im Süden von Graz, nahe dem Ortskern von St. Peter, entsteht seit 1982 auf dem Gelände einer aufgelassenen Ziegelei ein neues Wohnquartier, das sogenannte »Wienerberger«-Projekt. Gerahmt von bewaldeten Böschungen und Hügeln, sind dort bis heute rund 600 Wohnungen gebaut worden. Dominiert wird das Quartier von einer 150 Meter langen, zwischen vier und sechs Geschossen hohen Hauszeile, der auf der Südseite zweigeschossige Reihenhäuser vorgestellt sind. Dieser »Hauswall« schließt das Quartier nach Norden ab und dient gleichzeitig dazu, einen nördlich angrenzenden Rutschhang abzustützen. Die durchweg einfachen, wenig gegliederten Baukörper und Fassaden sind durch Außentreppen, Laubengänge, Erker und vorgehängte Balkone lebendig gegliedert. Balkone und Laubengänge sind überdacht, teils mit Blech auf einem Holzunterbau, teils mit Glas zur besseren Belichtung der Innenräume, und ermöglichen so geschützte, privat nutzbare Freisitze direkt an und vor den Wohnungen. Die formenreichen Vorbauten sollen aber auch dazu anregen, daß die Bewohner sich kreativ für die Gestaltung ihres individuellen Wohnumfeldes engagieren und so letztlich das Bild ihrer Siedlung prägen. Architekten: Ralph Erskine + Hubert Rieß, Stockholm/Graz

147 Kurz nach Baubeginn: Vor der Brandwand wächst das Stahlbetonskelett.

148 Kurz nach Fertigstellung des Gebäudes: erste Ausbauvarianten der Dachterrassen und Loggien.

DACHTERRASSEN ZUM SELBERAUSBAUEN

Eine 120 Meter lange, knapp 20 Meter hohe und nach Süden orientierte Brandwand und davor eine schmale Parzelle in gleicher Länge - das waren der Hintergrund und Rahmen, vor dem diese »Selbstbauterrassen« in Berlin-Kreuzberg entstanden. Die Grundidee des Architekten war ein zur Sonne hin abgetreppter Terrassenbau mit sechs Geschossen. Als Rohbau erstellt, sollte dieser - bei entsprechend reduzierter Miete - dann von den Bewohnern selbst ausgebaut werden können. Etwa ein Drittel der Mieter haben dies dann auch mehr oder weniger engagiert praktiziert. Entstanden sind insgesamt 29 ein- und zweigeschossige Wohnungen, verteilt über fünf Geschosse. Sie liegen in einer langgestreckten, in drei Bauteile untergliederten Zeile. Tragende Struktur des Hauses ist ein teilweise vorfabriziertes Stahlbetonskelett, das sich mit zunehmender Geschoßzahl zur Brandwand hin abtreppt. Dadurch ergeben sich vor jeder Wohnung weit ausladende Dachterrassen, die je nach Wohnungstyp von 17 bis 45 Quadratmeter groß und ganz nach dem Geschmack der Bewohner offen oder überdacht gestaltet sind. Zwischen den Pfeilern der Terrassen lassen sich nach den Plänen des Architekten aber auch nachträglich Anlehngewächshäuser oder Wintergärten einbauen. Die privaten Dachterrassen und Loggien sollten mit großen Gemeinschaftsterrassen auf dem sechsten Obergeschoß ergänzt werden; sie fielen ebenso wie das gesamte Geschoß dann leider dem Rotstift zum Opfer.

Architekt: Dietrich von Beulwitz, Berlin

149 Die Grenzen zwischen privatem und öffentlichem Freiraum scheinen fließend, das Raster der Pfeiler wird auf den Dachterrassen individuell ausgefüllt.

SÜDLICH-HEITER UND ÜBERWACHSEN VON PFLANZEN

Dieses denkmalgeschützte Haus der Jahrhundertwende in Hannover wurde schon bald nach seiner Errichtung von einem Ein- zu einem Dreifamilienhaus umgebaut. Dabei wurde auf der Terrasse im Erdgeschoß ein Gartenzimmer erstellt, dessen Dach als Balkon für das erste Stockwerk diente. Darauf wurde im Jahre 1981 ein zweigeschossiger Balkon in Holzbauweise gesetzt. Das erste Stockwerk sowie die Dachgeschoßwohnung erhielten so eine beträchtliche und erfreuliche Erweiterung ins Freie mit schönem Blick in den eigenen Garten und auf nachbarliches Grün. Eine merkliche Verschattung der Wohnungen tritt nicht auf, da zwischen den beiden Balkonen etwa fünf Meter Zwischenraum ist. Die wegen der geforderten Feuerbeständigkeit recht kräftige Holzkonstruktion und der heitere weiße Anstrich lassen diesen Balkon sehr eigenständig neben der grauen und etwas behäbigen Jugendstilvilla wirken.

Architekt: Dieter Klävers, Hannover

150 Entwurfsskizze des Doppelbalkons.

151 Die kräftige Holzkonstruktion wird von üppig wachsenden Pflanzen und dem weißen Anstrich locker überspielt.

152 Vom Wohnraum gelangt man über eine Stufe sowie durch zwei Türen auf den geräumigen, mit verschiedenen Kübelpflanzen begrünten Balkon.

EIN GRÜNES ZIMMER MIT AUSSICHT

Durch den Ausbau von Bodenräumen wurde eine kleine Dachwohnung im vierten Obergeschoß eines Hannoverschen Hinterhauses großzügig erweitert. Der frühere Wohnraum im zentral gelegenen Zwerchgiebel wurde zu einer Dachterrasse umgebaut. Das Dach wurde abgenommen, die Wände zu den umgebenden Räumen (Wohnraum, Diele, Schlafzimmer) durch Verglasungen ersetzt, so daß von hier die Wohnung weitgehend belichtet wird. Der besondere »Witz« ist aber die erhaltene Giebelwand, die jetzt die Terrasse vor Einblicken aus den Wohnungen des Vorderhauses abschirmt. Gleichzeitig ist sie Rahmen und Kulisse für den Blick nach draußen - denn die schon vorher vorhandene Fensteröffnung blieb, allerdings ohne Glas.

Architekten: J. Haack und P. Krüger, Hannover

153 Jetzt ohne Glas: Die in der Giebelwand vorhandene Fensteröffnung blieb erhalten und rahmt nun den Blick vom neuen »Open-air«-Wohnraum.

154 Zugleich schützt die Giebelwand vor unerwünschten Einblicken aus dem Vorderhaus.

GRÜN IN HÜLLE UND FÜLLE

Wie so viele Dachterrassen entstand auch diese beim Ausbau einer Dachwohnung und des darüberliegenden Spitzbodens zu einer zusammenhängenden Wohnung. Sie liegt im Eck zwischen zwei rechtwinklig aufeinanderstoßenden Dächern; das verleiht ihr eine besonders geschützte und private Atmosphäre. Die vier Bewohner und Bewohnerinnen, Studenten der Landespflege und somit schon von Berufs wegen mit einem Hang zum »Grünen«, haben sich mit viel Lust und Interesse der Bepflanzung ihres luftigen Gartens gewidmet. Alle Pflanzen stehen in Töpfen und Kübeln und werden im Winter, zumindest die empfindlichen, in die Wohnung geholt. Hier werden sie entweder den Zimmerpflanzen zugesellt und auch so behandelt (wie Bougainvillea) oder aber relativ dunkel und trocken gehalten (Feige, Solanum rantonnetii, Datura). Der dann unvermeidliche verfrühte Austrieb schwächt natürlich die Pflanzen. Durch kräftigen Rückschnitt und eine großzügige Start- und Vorratsdüngung im Frühling konnte dieser Schaden aber immer wieder mehr als ausgeglichen werden.

Architekt: Hartmut Zabel mit Ulrich Heubach, Hannover

155 Tief ins Dach eingeschnitten: Eine üppig wuchernde Dachoase mit Platz für Tisch und Stühle.

156 *Gießkanne und Kübelpflanzen zeugen von der Lust am Gärtnern: Blick auf den oberen Teil der Balkonbrücke.*

EINE BALKONBRÜCKE IM HOF

Die beiden dreigeschossigen Seitenflügel eines Altbaus in Hannover wurden über eine Stahl-Holz-Konstruktion verbunden. Sie steht wie eine doppelstöckige Brücke zwischen den Anbauten. Im ersten Stockwerk von beiden angrenzenden Wohnungen her erreichbar, bot sich im zweiten Stock die Möglichkeit, eine große durchgehende Terrasse anzulegen, da dort die beiden Wohnungen zu einer zusammengefaßt wurden. Durch deren Größe und ausreichend Licht und Sonne entstand ein regelrechter Garten. In vielen Töpfen und Kübeln wachsen und blühen Engelstrompeten, Margeriten, Palmen, Wicken, Schwarzäugige Susanne und Fuchsien. Vom Hof schlingt sich ein Knöterich bis über die Pergola empor.

Planung: Manfred Garbe, Hannover

157 *Vom Vorderhaus aus gesehen: Die Balkonbrücke verbindet die beiden Seitenflügel im Hof.*

158 *Wo man heute lauschig unter einer Pergola sitzt, war vor nicht allzulanger Zeit noch ein ungenutztes Garagendach.*

EIN SITZPLATZ AUF DER GARAGE

Viel Platz war nicht in diesem schmalen Hinterhof im Münchner Stadtteil Haidhausen. Da dort zudem Autos abgestellt werden und Garagen liegen, blieb nur ein kleiner Fleck mit Sandkiste und Sitzbank für das Leben im Hof. Erst mit der Umnutzung einer Garage als Abstell- und Spielzeugraum kam man darauf, auf deren Dach einen Aufenthalts- und Sitzbereich für die Hausbewohner anzulegen. Dazu mußte zunächst die Garagendecke, die dafür nicht ausreichend tragfähig war, mit einer bewehrten Betonplatte verstärkt und vom Hof aus erschlossen werden. Über eine freistehende Wendeltreppe aus Stahl gelangt man jetzt zum Sitzplatz auf der Garage, der zum Schutz vor Einblicken mit einer Pergola überstellt ist. Sie ist, ebenso wie das Holzgeländer mit den darin integrierten Blumenkästen, aus kesseldruckimprägniertem Fichtenholz hergestellt. Holzspaliere an den Garagenwänden verbinden den Sitzplatz optisch mit dem Hof und sind überdies Kletterpflanzen wie der Bergwaldrebe und dem Knöterich eine willkommene Kletterhilfe.

Architekt: Manfred Drum, Urbanes Wohnen, München

159 *Voraussetzung für die Anlage des Sitzplatzes mit der Pergola war die Verstärkung und Abdichtung der Garagendecke mit einer Betonplatte.*

EIN SCHATTIGES DREIECK

Diese Dachterrasse ist am schönsten an heißen Sommertagen und -abenden. Sie liegt im Schatten hoher Bäume und bekommt so gut wie keine Sonne ab. Dafür ist sie ungewöhnlich malerisch gelegen - auf dem Dach eines kleinen Ladens, der an ein Haus aus der zweiten Hälfte des 19. Jahrhunderts angebaut ist. Der Blick geht auf der einen Seite auf eine belebte Straße in einem Altbauquartier Hannovers, auf der anderen Seite auf den alten jüdischen Friedhof, einen steilen, grasbewachsenen Hügel voll hoher, dunkler Grabsteine und schöner, großer Eschen, Bergahorne und Robinien. Die Bewohner haben sich diesen Platz mit einfachen Mitteln - Tisch, Stühle, einige Topfpflanzen - wohnlich gemacht und sind, so oft es Zeit und Wetter erlauben, hier draußen.

160 Die von einer Steinbalustrade gefaßte Dachterrasse liegt auf dem Dach eines kleinen Ladenanbaus.

161 Schon einige wenige Kübelpflanzen schaffen ein wohnliches Ambiente.

162 Links die Straße, rechts der alte jüdische Friedhof - und genau dazwischen das markante Dreieck der Dachterrasse.

EINE GRÜNE NISCHE IM DACH

Dieses Haus aus der Zeit der Jahrhundertwende in der Hannoverschen Oststadt ist bekannt wegen vieler ökologisch sinnvoller Details, die von den Bewohnern und Eigentümern ein- und angebaut worden sind. So gibt es hier das erste Blockheizkraftwerk der Stadt in einem privaten Wohnhaus, dessen Überschuß in das öffentliche Netz eingespeist wird; zudem ein Windrad, Sonnenkollektoren auf dem Dach und eine vielfältige Begrünung der Fassaden. Und hier haben sich auch beide Bewohner einer der beiden Dachwohnungen, Künstler und Gärtner, im darüberliegenden Spitzboden eine Dachterrasse gebaut und wohnlich eingerichtet. Die seitlichen Pflanztröge bilden die Brüstung und greifen noch unter die Dachschräge. Dadurch konnte ein größeres Erdvolumen untergebracht werden. Sie sind mit Wacholder (immergrün) und Sommerblumen bepflanzt. Im Giebeldreieck hängt ein prächtiger Wulst von Pelargonien und Kapuzinerkresse, in Kübeln gedeihen Datura, Agapanthus, Duftpelargonien und vieles mehr.

Planung: Hubert Rettich + Burkhard Weinges, Hannover

163 Dort, wo früher das Eck eines Daches war, grünt und blüht es heute: Die Dachterrasse, vom Nachbarhaus aus gesehen.

164 Der Dacheinschnitt wurde verglast und dient so unter anderem der Belichtung der Wohnung, die in den früheren Spitzboden eingebaut wurde.

165 Schon von der Straße aus gut zu erkennen: Die üppig entwickelten Wacholder auf dem Dach.

166 + 167 Das neue Metallgerüst zeichnet den alten Eckturm formal nach und dient wegen der freien Zugänglichkeit der Feuerwehr zugleich als notwendiger zweiter Rettungsweg.

168 Die verzinkten Metallstreben und das Balkongitter erhielten einen Anstrich aus graphitfarbenem Eisenglimmerlack; dort wird später noch ein Sonnensegel eingehängt.

EIN ECKTÜRMCHEN ALS BALKON

Bis zum Zweiten Weltkrieg besaß dieses Haus in Hannover-Linden einen Eckturm mit einer biberschwanzgedeckten Haube. Durch eine Luftmine, die die nahe St. Martins-Kirche traf, wurde diese zerstört und das Haus schwer beschädigt. Die Haube wurde nicht wieder errichtet, der Stumpf mit Blech abgedeckt. Im Zuge des Ausbaus des Dachbodens zu einer Wohnung dachten Hausbesitzer und Architekt über die Turmspitze neu nach. Dabei entstand die Idee eines Freisitzes anstelle der früheren Haube. Ein Metallgerüst zeichnet die alte Form des Türmchens nach und trägt als Krönung wieder die alte Wetterfahne.

Architekt: Manfred Weiß, Hannover

VOR EINER KULISSE AUS EFEU UND WILDEM WEIN

169 Nichts als Pflanzen: Efeu und Wilder Wein haben die Brandwand in eine beeindruckend grüne Kulisse verwandelt.

Die Bewohner dieser im dritten Stock gelegenen Wohnung haben Zugang zum Flachdach des Seitenflügels. Er stößt fast gegen die Brandwand eines angrenzenden Gewerbegebäudes, das die Terrasse um mehr als sechs Meter überragt. Auf den ersten Blick eine nachteilige Einengung, erweist sich die Wand doch als Vorteil. Zum einen gibt sie Schutz durch ihre Stellung nach Nordwesten, zum anderen ist sie in ganzer Höhe und Breite dicht mit Wildem Wein und Efeu überwachsen. Eine schöne Mischung: Im Herbst färbt sich der Wein feurig rot zwischen dem Efeugrün, und im Winter wird die Wand nicht völlig kahl. Die Dachterrasse ist ein erweiterter Wohnraum im besten Sinne - mit Eßtisch und Sonnenschirm, einer Bank, einem Sandkasten, mit vielfältigen Blumentöpfen und kleinen Pflanzbeeten, Gemüsepflanzen, Rankgerüsten für Stauden- und Einjahresranker.

Die Bewohner haben die gesamte Einrichtung nach und nach in Eigenarbeit geschaffen, angefangen bei dem lose verlegten Holzparkett bis zur fröhlich-gelben Bespannung der Geländer mit wetterfestem Markisenstoff. Ebenfalls selbstgebaut ist die Sandspielecke: der besondere Pfiff ist hier eine Spielzeugkiste, die in die Holzumrahmung integriert ist.

Planung: Anke Bertram, Hannover

170 Mit Liebe zum Detail: Verschiedene Topf- und Kübelpflanzen, zum Teil als Hochstamm gezogen, stehen dekorativ vor dem gelb bespannten Geländer.

171 In den Holzrahmen der Sandkiste ist eine Spielzeugkiste integriert. Das rotgefärbte Laub des Wilden Weins weist auf den kommenden Herbst.

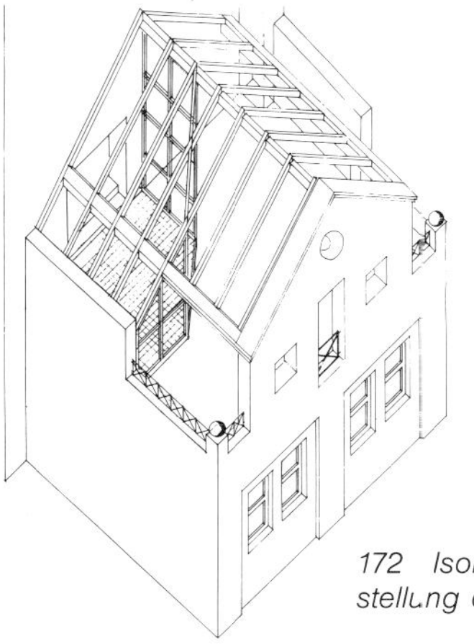

172 Isometrische Darstellung des Anbaus.

HINTER EINER GIEBELKULISSE

Im oberfränkischen Hof sollte ein Metzgerladen erweitert werden. Dies war aus denkmalpflegerischen und funktionalen Gründen nur im Erdgeschoßbereich auf der Rückseite des Hauses möglich. Statt nun, wie sonst vielfach praktiziert, dort einen Anbau mit bekiestem Flachdach zu errichten, wurde die Fächenausdehnung im Erdgeschoß dazu genutzt, auch die darüberliegende Wohnung zu erweitern. In Verlängerung von Eßzimmer und Küche entstand so vor dem Obergeschoß eine über 40 Quadratmeter große Dachterrasse mit Wintergarten. Eine große Wandscheibe, mit Tür- und Fensteröffnungen als Giebelkulisse gestaltet, gibt ihr einen wirkungsvollen Abschluß und Rahmen; zugleich schützt sie vor unerwünschten Einblicken. Dieser Giebel nimmt Bezug auf die reich ornamentierten Gebäude des Straßenzuges, an dem das Haus liegt, und ist zugleich Ausgangs- und Bezugspunkt für eine satteldachförmige Pergola, mit der Dachterrasse und Wintergarten überstellt sind.

Architekt: Karlheinz Greim, Schwarzenbach/Saale

173 Von außen wirkt der Anbau mit Dachterrasse wie ein zweigeschossiges Gebäude.

174 Als Bodenbelag für die Dachterrasse wurden Kiefernholzplanken gewählt; die Pflanztröge sind mit Kanthölzern desselben Materials verblendet.

175 Durch die Tür- und Fensteröffnungen der Giebelkulisse ergeben sich sogar vom Wintergarten aus Blickbeziehungen in die Umgebung.

HUCKEPACK AUF EINEM ANBAU

Groß ist er nicht, der Garten um dieses Haus in Berg am Starnberger See. Deshalb wurde, als das Haus um- und das Dachgeschoß zum Wohnen ausgebaut wurde, diesem ein Glasanbau mit Balkon auf einer früheren Erweiterung an der Westseite vorgesetzt. Der Balkon umgreift den Glasanbau und ist mit einem transparenten Geländer aus Holz und Drahtgitter gefaßt; es wurde im Bereich des mittig in der Fassade angeordneten Balkonerkers auf normale Brüstungshöhe und zum Schutz vor Einblicken an den Seiten höher gezogen.

Architekt: Gottfried Herz, Tutzing

176 Ganz oben: Südansicht des Hauses: Der Glasanbau liegt huckepack auf einem früheren Anbau, davor der Balkon.

177 Der Glasanbau öffnet den neuen Wohnraum unterm Dach und läßt, da er etwas niedriger und schmaler gehalten ist als der eigentliche Hausgiebel, auch noch Platz für einen umlaufenden Balkon.

178 + 179 Bei Tag leicht und luftig, bei Nacht licht und transparent: Die mit viel Glas und weiß lasiertem Holz neugestaltete Westansicht des Hauses. Der kleine Balkonerker, der mit seiner schräg verlaufenden Vorderkante knapp über der Grundstücksgrenze schwebt, ist über eine Stütze und schräg gestellte Hölzer, die der Neigung des Dachstuhls folgen, optisch gut in die Fassade integriert.

KALKULIERT SCHRÄG UND WOHNLICH

180 Schön schräg: Der ungewöhnliche Anbau vor der Südfassade des Wohnhauses mit zwei Sonnendecks und Wintergarten vor den Wohnräumen im Obergeschoß.

181 Kletterpflanzen wie der Knöterich überwachsen das Wandspalier und geben so dem Sonnendeck einen grünen Rahmen.

Eine scheinbar alltägliche Aufgabe: Ein Wohnhaus der Jahrhundertwende im nordhessischen Lauterbach sollte in zwei separate Wohnungen unterteilt werden. Die dafür notwendige Umorganisation des alten Grundrisses machte auch ein neues Treppenhaus notwendig. Erwünscht waren außerdem ein sonniger Freisitz vor dem Obergeschoß sowie ein Wintergarten. Realisiert wurde das vermeintlich wenig spektakuläre Programm dann allerdings mit ungewöhnlichen Mitteln. Der Südfassade des Hauses wurde als fragile Stellage ein Balkengerüst vorgestellt, in welches das neue Treppenhaus, ein hölzerner Anbau mit Schrägdach aus Blech, eingehängt ist. Beidseits des Anbaus sind - in Verlängerung der Achsen des Altbaus - vor dem Obergeschoß zwei Sonnendecks und ein Wintergarten in die Konstruktion integriert. Als Brüstung und Sichtschutz dient ein großes, in der Horizontale leicht geneigtes und mit diagonaler Lattung versehenes Wandspalier. Dieses zieht sich über die gesamte Breite des Hauses und verdeckt ebenso phantasievoll wie ungewohnt einen großen Teil der Balkonkonstruktion samt Blechdach des neuen Treppenhauses.

Architekten: Paul Werr + Siegrun Reuter, Frankfurt

182 Vom Wintergarten (links) führt ein luftiger Holzsteg über das Blechdach des Treppenhauses zum zweiten Sonnendeck.

EINE BÜHNE FÜR DIE HAUSGEMEINSCHAFT

Eingespannt zwischen den Seitenflügeln eines Hinterhauses in Hannover liegt ein eingeschossiger Anbau, der früher einen Gewerbebetrieb beherbergte. Sein Dach bot sich als Terrassenfläche für die beiden Wohnungen im ersten Obergeschoß an, deren Eigentümer die Arbeiten in Zusammenwirken mit einem Statiker selbst planten und durchführten. Die alte Dachdeckung, zum Teil ein Glasdach, wurde durch eine neue ersetzt - Spanplatten und Dachpappe - und mit einer Tragkonstruktion aus alten Eisenbahnschienen überspannt. Diese Lösung erwies sich kostengünstiger als eine herkömmliche mit Holz- oder Stahlträgern. Auf den Schienen lagert ein Untergerüst aus Holzbalken, auf die dann die

183 Früher nur ein Dach, heute ein Freiraum zum Wohnen auf dem Dach: Die Dachterrasse im ersten Obergeschoß, darüber ein ebenfalls neu geschaffener Balkon.

184 Ein runder Tisch für die Bewohner der beiden Wohnungen im ersten Obergeschoß; in Kästen und Kübel gesetzte Pflanzen geben der Sitzgruppe einen grünen Rahmen.

Terrassenplanken aus Hartholz verschraubt wurden. Zum angrenzenden, weitläufigen Innenhof wurde auf die Außenwand des Untergebäudes ein schlichter, weißer Holzzaun zwischen gemauerten Säulen errichtet. Die Ausrichtung nach Südosten beschert der Terrasse viel Sonne und Wärme; entsprechend intensiv ist ihre Nutzung. Durch eine Tür vom Treppenhaus her haben auch die übrigen Hausbewohner direkten Zugang. Für eine Wohnung im dritten Obergeschoß wurde zusätzlich ein geräumiger Balkon gebaut, der üppig begrünt über der Terrasse schwebt.

Planung: Gaby Slipek und Hausgemeinschaft, Hannover

185 Die nach Südosten offene Dachterrasse fängt viel Sonne und Wärme ein.

186 Direkt vor der eigenen Wohnung: Liegen, Sitzen und Sonnen auf Terrassenplanken aus Hartholz.

DARUNTER LIEGEN DREI GESCHOSSE

187 Großflächige Pflanzbeete, von Kanthölzern gefaßt und inzwischen üppig bewachsen, gliedern die Dachflächen.

Rund 150 Quadratmeter groß ist dieser Familiendachgarten in der Altstadt von Ettlingen. Er wurde angelegt, weil durch den Aus- und Umbau des Gebäudes kaum mehr Freiraum zu ebener Erde blieb. Mit einem Aufzug oder über Treppen erreichbar, ist er - da hinter der Dachschräge praktisch nicht mehr einsehbar - für die Familie ein wirklicher Wohnraum unter freiem Himmel. Eine große Dachlaube mit bunter Markise und einem Dach aus Drahtglas bietet zugleich Schutz vor Sonne, Wind und Wetter. Als Bodenbelag wurden Holzroste gewählt; von Kanthölzern gefaßt, gliedern und rahmen große Pflanzbeete die Dachflächen. Im Aufbau maximal 10 Zentimeter hoch, findet sich dort auf einer Fläche von rund 50 Quadratmetern eine breite Palette von Gehölzen und Stauden - zum Beispiel Astern, Ginster, viele Gräser, Jasmin, Rosen, Schleierkraut, Schmetterlingsstrauch oder schlank aufrecht wachsender Wacholder der Sorte »Skyrocket«.

Architekt: Robert Langensteiner, Ettlingen
Landschaftsarchitekt: Werner Jeuter, Karlsruhe

188 Zum ungestörten Spielen und Planschen bestens geeignet, ist der Dachgarten ein Dorado für die Kinder der Familie.

189 Das auf Brüstungshöhe hochgezogene Dach schützt vor Einblicken; die Schräge setzt sich in den Stützen der Dachlaube fort.

EIN GRÜNER HORST IM HOF

Sonnig ist er, dieser weite Innenhof in Karlsruhe. Daher rührte wohl auch die Überlegung, hoch über dem hofseitigen Anbau einer Bäckerei einen Dach- und Wintergarten anzulegen. Aus statischen Gründen stehen größere Pflanzen nur über den Außenwänden; der zentra e Teil ist als Rasenfläche gestaltet. Seriell hergestellte Rankelemente geben dem Dachgarten den notwendigen Rahmen und schützen zugleich vor Einblicken.

Architekt: Herbert Fröhlich, Karlsruhe
Landschaftsarchitekt: Werner Jeuter, Karlsruhe

190 Die in der Höhe gestaffelte Randbepflanzung deckt die Häuser der Umgebung gut ab.

191 Rankgitter schützen vor Einblicken in den Dach- und Wintergarten.

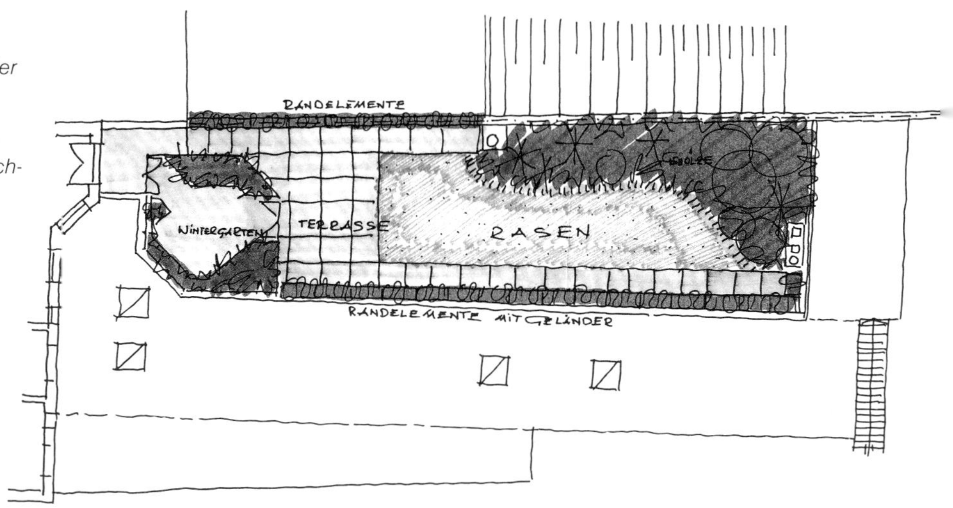

192 Der Grundriß des Dachgartens.

ZUM HOF HIN ABGESTUFT

Genau vis-à-vis und daher mit Blick auf den Dach- und Wintergarten von Seite 116 liegt dieser Seitenflügel eines Altbaus, der im Zuge einer umfassenden Sanierung mit Balkonen und Dachterrassen versehen wurde. Seine abgetreppte Form resultiert aus der Vorstellung, damit dem nach Norden orientierten Hof des Vordergebäudes mehr Licht und Luft zukommen zu lassen. So war es möglich, jeder Wohnung sowohl Balkone als auch Dachterrassen zuzuordnen. Am sonnigsten ist es dabei natürlich vor dem obersten Geschoß.

Landschaftsarchitekt: Werner Jeuter, Karlsruhe

193 Auf der obersten Dachterrasse wächst sogar eine als Hochstamm gezogene Felsenbirne; durch das Rankgitter noch erkennbar liegt auf der anderen Seite des Hofes der auf Seite 116 vorgestellte Wintergarten.

194 Die Holzbalkone wurden dem Seitenflügel vorgestellt, und zwar zum Hof hin orientiert.

MIT GLASWÄNDEN ALS WINDSCHUTZ

Hoch über den Dächern von Köln mit Blick auf den Opernplatz liegt dieser 16 x 5 Meter große Dachgarten. Entstanden durch die Umgestaltung einer bereits vorhandenen Dachterrasse, wird er von einer berankten Sauna in zwei Bereiche unterteilt: einen kleinen Saunenhof vor dem Schlafraum und einen großzügigen Sitzbereich vor den Wohnräumen. Bedingt durch die exponierte Lage, war ein wirksamer Windschutz nötig. Dazu wurden auf der vorhandenen, etwa 1,10 Meter hohen Brüstung neue Gesimse aufgemauert und in den Zwischenflächen verglast. Das schafft nicht nur ein für Mensch und Pflanzen behagliches Kleinklima, sondern führt auch zu einer räumlichen Fassung des Dachgartens, ohne daß der Panoramablick über die Innenstadt bis hin zum Kölner Dom gestört wird.

Landschaftsarchitekt: Georg Penker, Neuss

195 Eine üppige Bepflanzung mit Solitärgehölzen, Gräsern und Immergrünen ist Voraussetzung für einen wirklichen Dachgarten; die Pflanzen wurzeln in einem Bodensubstrat aus leichter Steinwolle, das aus statischen Gründen verwendet werden mußte.

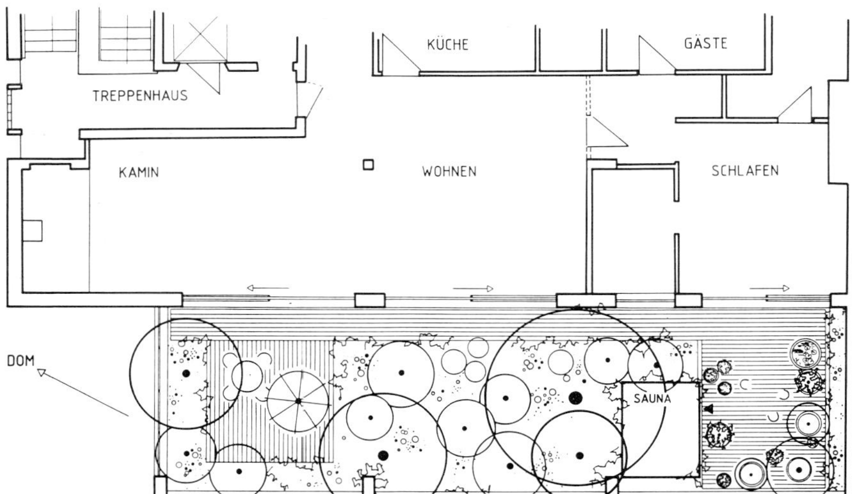

196 Grundriß des Dachgartens.

197 Der große, mit Holzplanken ausgelegte und von Pflanzbeeten gefaßte Sitzplatz liegt geschützt hinter Glaswänden.

198 Auf der oberen Dachterrasse: Blick von der Pergola zum Dachaufbau, in dem neben dem Aufzug auch ein kleines Büro untergebracht ist.

EINE DACHTERRASSE ÜBER ZWEI ETAGEN

Alte Stadtzentren sind oft so dicht bebaut, daß zu ebener Erde kein oder kaum mehr privater Freiraum bleibt. Ein Beispiel dafür ist dieses Haus im badischen Ettlingen: Es füllt das gesamte Grundstück und besitzt daher weder Hof noch Garten. Als es dann im Zuge der Altstadtsanierung von Grund auf neugebaut wurde, ließen die Besitzer, die in dem Haus auch leben, die Dachflächen zum Wohnen umgestalten. Entstanden ist dabei eine über 100 Quadratmeter große Dachterrasse, die sich über zwei Ebenen erstreckt. Vor der Wohnung im dritten Obergeschoß liegt ein kleines Dachatrium, das als Frühstücks- und Eßterrasse genutzt wird. Zu den Wohnräumen ringsum mit großen Fensterscheiben und -türen gefaßt und nach Süden hin vom schräg verlaufenden Giebel des Nachbarhauses nur teilweise verdeckt, ist es der lichtdurchflutete Mittelpunkt der Wohnung. Über eine Wendeltreppe von dort aus direkt zu erreichen, liegt eine Etage höher die große Sonnenterrasse; zu ihr führt zusätzlich ein Aufzug. Gerahmt von Immergrünen vor dem auf Brüstungshöhe hochgezogenen Dach und in Teilen locker von einer Pergola überstellt, ist sie ein luftig-sonniges Zimmer zum Wohnen unter freiem Himmel.

Architekt: Kuno Kärcher, Ettlingen

199 In Terrakotten und Kübel gesetzte Pflanzen wie Ahorn, Bambus, Lorbeer oder Oleander geben dem Dachatrium ein gartenhofähnliches Aussehen.

200 Das Dach wurde auf Brüstungshöhe hochgezogen und damit ein separates, die Dachlandschaft störendes Geländer vermieden.

201 Blick von der Sonnenterrasse in das eine Etage tiefer liegende Dachatrium; über eine Wendeltreppe sind beide Ebenen fußläufig verbunden.

202 *Pflanzinseln aus Gräsern und Stauden in einem Belag aus Holzplanken.*

203 *Eine ringsum laufende Verglasung und große Fenstertüren schaffen fließende Übergänge zwischen drinnen und draußen.*

EIN ATRIUM IM FÜNFTEN STOCK

Ein schlecht belichteter, dafür mit 150 Quadratmetern sehr großer Wäscheboden wurde zu einer Wohnung ausgebaut. Die Möglichkeit, auf dem Dach einer Nachbarwohnung eine Dachterrasse einzurichten, schien sehr verlockend - allerdings war der Umbau des Dachbodens schwierig. Die vorhandenen winzigen Fenster in der Außenfassade durften aus Gründen des Denkmalschutzes nicht vergrößert oder verändert werden. Ein Kunstgriff löste das Problem der mangelhaften Belichtung: In der Mitte des großen Raumes wurde durch einen Einschnitt im Flachdach ein rund 15 Quadratmeter großes Atrium geschaffen, über das nun die daran angrenzenden Räume belichtet werden. Eine Bepflanzung in Hydrokultur, ein kleiner Plätscherbrunnen, vor allem aber der vom Straßenlärm unbehelligte Aufenthalt im Freien machen diesen kleinen Hof zum lichten Mittelpunkt der Wohnung.

Architekt: Ivan Kozjak, Hannover

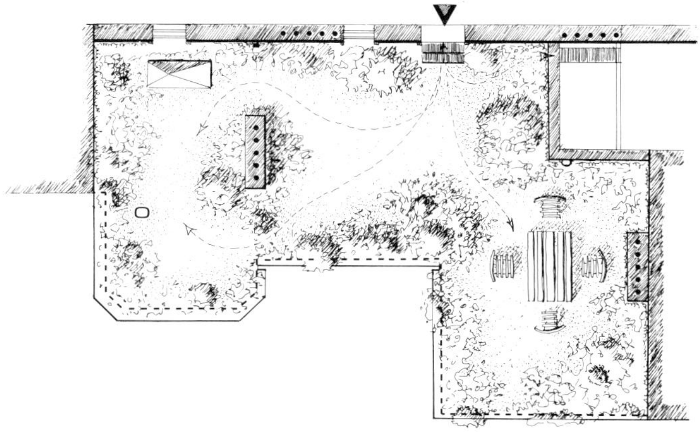

WILDWUCHS VOR EINER FEUERMAUER

Durchgehend grün sollte sie sein, diese knapp 100 Quadratmeter große Dachterrasse über den Dächern von Wien. Und das, obwohl den Pflanzen aus statischen Gründen nur eine Substratschicht von zehn Zentimeter Höhe zur Verfügung steht. Zunächst wurden Gräser angesät und in Randbereichen, etwa vor dem Geländer, einzelne Gehölze und Kletterpflanzen gesetzt. Bald schon stellten sich auch spontan sonnenliebende und trockenheitsverträgliche Stauden ein, die heute dem Dachgarten seinen spezifischen Charakter wildwüchsigen Grüns geben. Voraussetzung für dessen dauerhaften Erhalt ist allerdings, daß regelmäßig gewässert wird. Dies hat sich, nachdem keine automatische Bewässerung eingebaut ist, inzwischen zum fast täglichen Sommerritual mit steigendem Beliebtheitsgrad entwickelt.

Landschaftsarchitektin: Cordula Loidl-Reisch, Wien

204 Auf drei Seiten von Mauern und Wänden geschützt, ist der Dachgarten nur nach Süden hin offen.

205 Vom Dachgarten aus arbeitet sich Wilder Wein allmählich an der Feuerwand nach oben.

206 Mit Ausnahme kleinerer Rasenpartien bleiben die Pflanzen weitgehend sich selbst überlassen – eine grüne Oase inmitten grauer Umgebung.

WOHLBEDACHT ÜBER DEM GARTEN

Ein Flachdach über einem kleinen Anbau vor einem Jugendstilhaus in Baden-Baden war lange Zeit ungenutzt. Da man von dort, anders als vom mit Bäumen und Sträuchern eingewachsenen Garten, einen schönen Blick auf die umgebende Landschaft hat, sollte hier ein kleiner Dachgarten entstehen. Da die Dachkonstruktion für diesen Zweck nicht ausgelegt war, mußte sie zunächst mit einigen kräftigen Stahlträgern verstärkt und entsprechend abgedichtet werden. Der Boden wurde mit besonders dünnen und leichten Terrassenplatten bedeckt, ein zierliches, dem Jugendstil nachempfundenes Geländer rahmt nun den neu entstandenen Sitzplatz vor dem Obergeschoß. Zum Schutz vor Regen und Sonne ist ein Teil der Dachterrasse mit einem Zeltdach, das auf einem Grundgerüst auf schlanken weißen Stahlrohren ruht, überstellt. Weil aus statischen Gründen keine flächige Bepflanzung möglich war, sind entlang der Außenmauern des Anbaus - hier ist die Tragkraft am größten - verschiedene Kübelpflanzen aufgestellt. Selbst der Wilde Wein, der so malerisch das Geländer überwächst, steht in Pflanzkübeln.

Landschaftsarchitekt: Bernd Weigel, Baden-Baden

207 Das weiße Zeltdach hinter dem zierlichen, von Wildem Wein überwachsenen Geländer wirkt luftig und heiter.

208 Obwohl kaum mehr als 20 Quadratmeter zur Verfügung stehen, kann man auf der Dachterrasse wahlweise in der Sonne oder im Schatten sitzen.

EIN MOSAIK MIT PFLANZEN

Zwei langgestreckte Dachterrassen im Stadtzentrum von Düsseldorf sollten neugestaltet werden. Die Idee, trotz des beengten Raumes dort einen gartenähnlichen Effekt zu erzielen, führte dann zu einer recht ungewöhnlichen Lösung. Ein neuer Bodenbelag mit quadratischem Grundmuster, inspiriert von maurischen Fayencen und komponiert aus diversen Marmorarten, weitet die schmalen Grundflächen spürbar auf. Für die südexponierte und im Sommer daher entsprechend warme Terrasse bringt ein aus Onyx aufgemauertes, achteckiges Brunnenbecken einen willkommenen Kühleffekt. Vor dem Becken liegt ein graues Pflasterplateau, in das eine schwarze Steinplatte mit goldfarbenem Symbol für Allah eingelassen ist. Sitzplatz und Wasserbecken sind vor Einblicken mit einer Pflanzung aus Gräsern und Immergrünen geschützt. Diese wachsen in Pflanzbehältern vor der Brüstung, die in der alten Form erhalten blieben. Um das nüchterne Metallgeländer jedoch zu überspielen, sind ihm auf der Terrasse kleinere Pflanztröge vorgemauert und mit immergrünen Arten wie Bambus oder Buchsbaum bepflanzt. Das garantiert auch im Winter ein gartenähnliches Ambiente.

Planung: Hartmut Mumme, München

209 Blick vom Sitzplatz über das Pflasterplateau zum leicht erhöht liegenden Brunnenbecken aus Onyx.

210 Das Metallgeländer am Sitzplatz scheint mitten durch die Pflanzung zu laufen; erreicht wurde dieser Effekt durch Pflanztröge beidseits des Geländers.

211 Die mit einem Glashaus neugestaltete Dachterrasse liegt auf dem zwölften Obergeschoß und damit auf dem höchsten Punkt des Gebäudes.

212 Blick durch die geöffneten Schiebetüren des Glashauses zum Zentrum von Graz mit dem Schloßberg im Hintergrund.

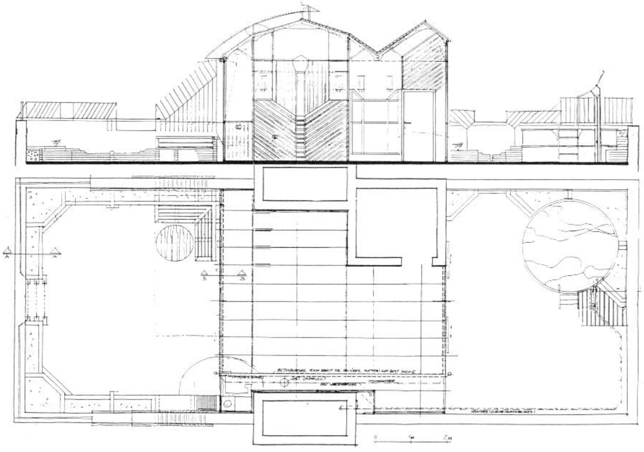

213 Grundriß und Schnitt zeigen die Dreiteilung der Dachterrasse mit dem Glashaus in der Mitte.

EINE DACHTERRASSE MIT GLASHAUS

Auf dem höchsten Punkt einer vielgeschossigen Terrassenwohnanlage in Graz-St. Peter, erbaut in den 70er Jahren, liegt eine neugestaltete Dachterrasse. Mittig im rechteckigen Grundriß der Terrasse plaziert, steht ein lichtes, auf einer Grundkonstruktion aus leichten Stahlprofilen erbautes Glashaus. Gut 30 Quadratmeter groß und über eine Treppe von der darunterliegenden Wohnung aus direkt zu erreichen, sind dem Glashaus nach Nordwesten und Südosten jeweils ähnlich große, in den Randbereichen bepflanzte offene Dachterrassen vorgelagert.

Architekten: Michael Szyszkowitz + Karla Kowalski, Graz

214 In die weißlackierten Rankgerüste integriert wurde hier das transparente Metallgeländer.

215 Locker von Rankelementen überdacht: Die Dachterrasse mit Wasserbecken, Natursteinplatten und kleinen Pflanzbeeten, in denen Gräser und Stauden wachsen.

EINE SONNENTERRASSE FÜR ALLE

Der Hof dieses Mehrfamilienhauses in München ist eher klein und schattig. Daher wurde, als man das Dachgeschoß des Hauses ausgebaut hat, der gesamte Dachstuhl abgetragen und auf dem neuen Obergeschoß eine für alle Mieter des Hauses zugängliche Dachterrasse angelegt. Ein leichtes Rankgerüst, satteldachförmig über die Terrasse gestellt, zeichnet die frühere Dachform locker nach und reicht dabei bis auf die schmale, traufseitig liegende Dachterrasse der darunterliegenden Wohnung. Daran wachsen Kletterpflanzen, in Pflanzbeeten zudem auch trockenheitsverträgliche Stauden.

Landschaftsarchitekt: Peter Leitzmann, München

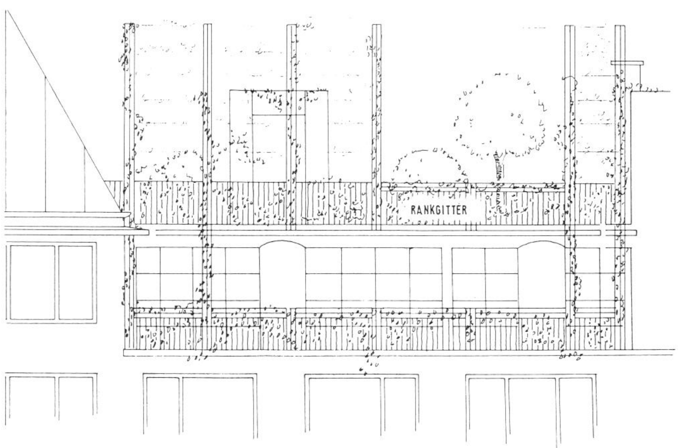

216 Ansicht der Dachterrasse von Osten.

218 Der kleine Wintergarten liegt zwischen Dachterrasse und Wohnbereich.

KLEIN, ABER FEIN UND OHO

Genau 22 luftige Meter über der Straße liegt dieses kleine, aber feine Dachatrium in Hamburg-Eppendorf. Obwohl nur knapp 15 Quadratmeter groß, bildet es den lichten Mittelpunkt einer Wohnung, die sich ein Architektenpaar durch den Ausbau eines Dachbodens in einem großbürgerlichen Etagenhaus aus dem Jahre 1902 geschaffen hat. Dem in die Dachkonstruktion eingeschnittenen Atrium ist ein ganzjährig nutzbarer Wintergarten zugeordnet. Um möglichst viel Sonne einzufangen, wurde zudem die Brandmauer zum Nachbarhaus um 30 Zentimeter abgetragen sowie die aus einem früheren Bodenfenster entstandene Öffnung der Dachterrasse zur Straße hin verglast. Die warme und windgeschützte Lage der Dachterrasse macht es nun möglich, dort auch empfindlichere Pflanzenarten wie Bambus, Hibiskus, Oleander oder Kletterrosen zu ziehen.

Architekten: Brigitte + Martin Streb, Hamburg

217 Gärtnern hoch über den Straßenbaumkronen: Ein Glasfenster macht die Dachterrasse zum windgeschützten Gartenersatz – mit Blick über die Stadt.

219 Eine breite Fenstertür verbindet Eßzimmer und Dachterrasse; wegen des notwendigen Aufbaus liegt diese eine Stufe über dem Niveau der Wohnung.

220 *Isometrie des Projektes, das sich aus zehn Einzelgebäuden zusammensetzt.*

MIT POSTMODERNEN KULISSEN

Im Schnoor, einer erhaltenen und herausgeputzten »Altstadtinsel« in Bremen, wurde ein noch freies größeres Grundstück bebaut. Die insgesamt zehn Einzelhäuser passen sich im Zuschnitt und in ihrer Anordnung der vorhandenen kleinteiligen Bebauung an. Die Fassaden sind mit postmodernen Elementen gestaltet, sie zeigen gleichzeitig Individualität und Zusammenhang. Sämtliche Obergeschosse erhielten Dachterrassen, die zwischen 8 und 13 Quadratmetern groß sind. Sie sind durch vorgeblendete Giebel mit unterschiedlichen Öffnungen vor Einsicht geschützt. Die Architekten legten großen Wert auf die Besonnung jedes einzelnen Hauses und stellten bei der Planung gründliche Belichtungsuntersuchungen an.

Architekt: Thomas Klumpp, Bremen

221 Scheinbar nur von Stahlprofilen gehalten: Eine aus der Fassade auskragende Balkonplatte.

222 + 223 Vier Varianten der den Dachterrassen vorgeblendeten Giebelkulissen.

224 Nur balkonartig kaschiert: Vorplatz und Zugang zu zwei der Wohnungen.

225 *Gestaltungsplan des Dachgartens.*

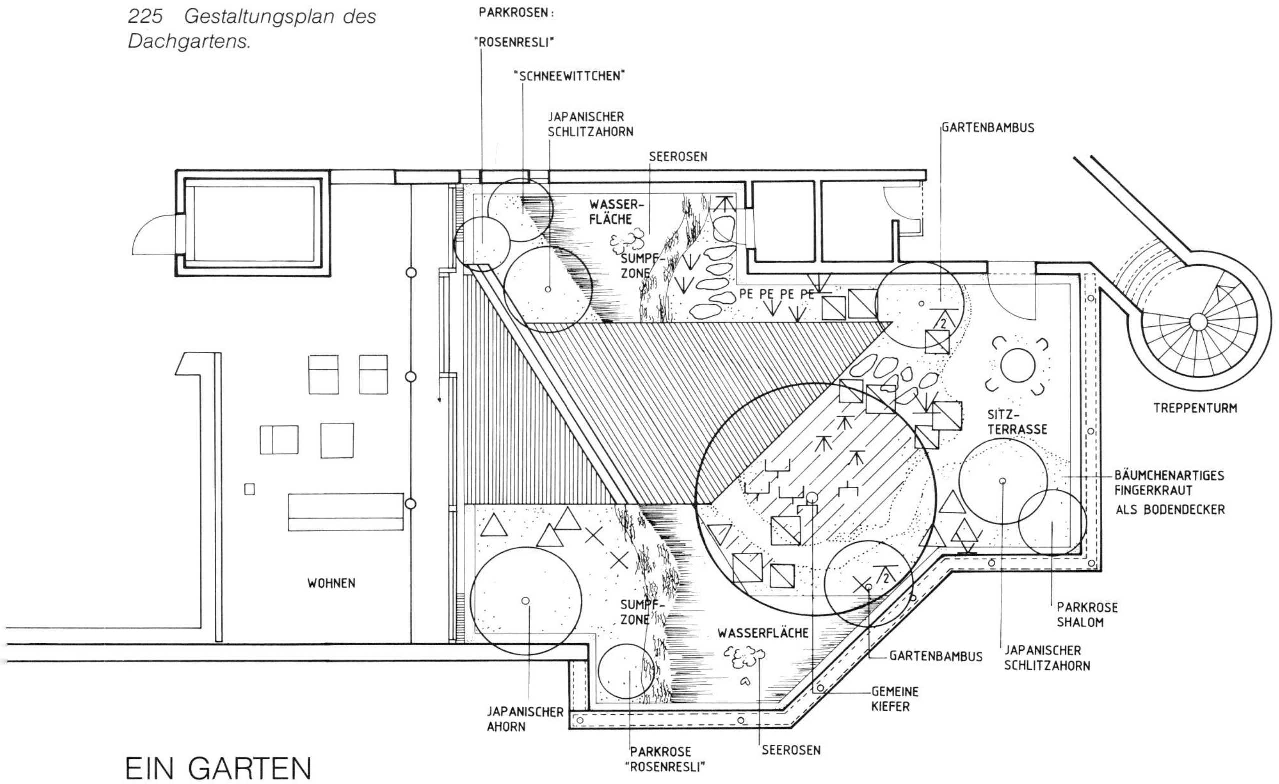

EIN GARTEN IM ZWEITEN OBERGESCHOSS

Rund 130 Quadratmeter groß ist dieser Dachgarten am Rande der Eilenriede in Hannover. Fast scheint es, als ob die große Kiefer schon Teil des angrenzenden Waldes ist. Dabei steht sie als optischer Mittelpunkt eines differenziert gestalteten Gartenraumes vor einer im zweiten Obergeschoß liegenden Wohnung. Zum Garten hin vollflächig verglast, liegt vor der breiten Schiebetür des Wohnraumes eine spitz zulaufende, durch zwei Stufen gegliederte Holzterrasse. Deren untere Ebene ist durch die Eingangshöhe der Wohnung bedingt (nur zehn Zentimeter Aufbauhöhe). Die zweite Ebene legt den Dachgarten auf ein Höhenniveau, das - da keine statischen Probleme vorlagen - einen auch für größere Pflanzen ausreichend hohen Substrataufbau gewährleistet. Beidseits der Terrasse liegen mit Seerosen bepflanzte Wasserflächen. Ihre weich modellierten Sumpfzonen kontrastieren spannungsreich mit den geraden Terrassen- und Uferkanten. Über Trittsteine zu erreichen liegt hinter der Kiefer ein kleiner, zweiter Sitzplatz mit gutem Blick auf das Waldgebiet der Eilenriede.

Landschaftsarchitekt: Georg Penker, Neuss

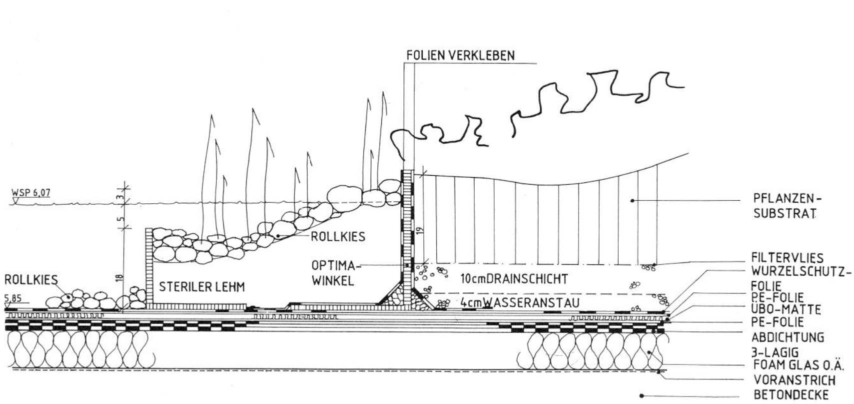

226 *Wasserfläche, Sumpfzone und Pflanzbeet im Schnitt.*

227 + 228 *Blick vom Wohnraum zum Dachgarten (oben) und vom kleinen Sitzplatz hinter der Kiefer zurück zum Wohnraum (unten): Fensterartige Gesimse fassen den Blick zur Eilenriede und geben dem Dachgarten zugleich einen klar definierten, architektonischen Rahmen.*

WO DER SCHNITTLAUCH BLÜHT

229 Wo früher nur ein bekiestes Flachdach war, wuchert heute eine bunte Vielfalt von Gehölzen, Gräsern und Stauden.

230 *Vom überdachten Freisitz aus zu sehen ist das nahegelegene Ulrichsmünster.*

Über 100 Quadratmeter groß ist dieser Dachgarten in Augsburg mit seiner üppig wuchernden Bepflanzung. Früher trockneten hier die Hausbewohner nur ihre Wäsche. Als dann 1978 ein Architekt den Trockenboden, der unter dem bekiesten Flachdach lag, zur Wohnung umbaute, legte er in der Folge quasi als Zugabe gleich noch diesen Dachgarten mit an. Zur Wetterseite im Westen durch einen überdachten Freisitz geschützt, wächst und gedeiht hier heute eine wildbunte Vielfalt unterschiedlichster Pflanzen: Eberesche und Eibe, Schwarzkiefer und Stechpalme, Johanniskraut und Ginster, Felberich und Phlox, Brom- und Schneebeeren. Dafür hat der Bauherr einige Zentner Humus eigenhändig die rund 150 Stufen aufs Dach getragen, um Pflanzbeete damit zu füllen. Sie liegen sicher auf den starken Mauern des Treppenhauses. Besonderer Clou des Dachgartens ist jedoch die kleine Liegewiese. Dort wächst und blüht unter anderem auch Schnittlauch. Er war über Jahre hinweg von den früheren Mietern bei Regen in Töpfen aufs Dach gestellt worden und hat sich von dort aus selbständig ausgebreitet.

Architekt: Heinz Knecht, Augsburg

231 *Die Liegewiese lädt zum ungestörten Sonnen ein; im Vordergrund ein aus alten Balken selbstgebauter Schwenkgrill.*

232 *Je nach Jahreszeit blühen unterschiedliche Pflanzenarten, hier zum Beispiel Riesenbärenklau.*

BLÄTTER UND BLÜTEN ÜBER ALLES

233 Man glaubt es kaum: Unter all den Blumen, Gräsern und Kräutern liegt eine Garage.

Können begeisterte Gärtner ihrer grünen Lust nicht mehr zu ebener Erde frönen, weil dort zuviel Schatten ist, tun sie dies gelegentlich auf den Dächern ihrer Häuser. Das zeigt eindrucksvoll dieses Beispiel aus Karlsruhe-Durlach. Vom kleinen Hof ausgehend, grünt und wächst es auf allen möglichen Ebenen des Gebäudes. Eine Attraktion eigener Art ist dabei der Gemüse- und Kräutergarten auf dem Garagendach. Von unterschiedlich hohen Beeten gegliedert, die jeweils

234 *Vom Hof bis zur Dachterrasse vor der Gaube: Überall sprießt und wächst es.*

von Holzbohlen gefaßt sind, findet sich hier eine Sortenvielfalt von Nutz- und Zierpflanzen – unter anderem auch eine Sauerkirsche –, die das Herz jedes Gärtners höher schlagen läßt. Eine kleine Sitzbank an einem runden Wasserbecken bietet darüber hinaus den Besitzern die Gelegenheit zur Entspannung und Muße inmitten ihrer grünen Lieblinge.

Architektin: Christel Ziegler-Schreiber, Karlsruhe
Landschaftsarchitekt: Werner Jeuter, Karlsruhe

235 *Ausgelegt mit Klinkern in einem Kies-Sandbett, wird der Sitzplatz am Wasserbecken zu einer lauschigen Ecke.*

GRÜN HINTER DER DACHSCHRÄGE

Begeisterte Stadtfans, die bisher am Stadtrand wohnten, wollten mitten in der Stadt leben - ohne auf Grün und private Freiräume verzichten zu müssen. Ein Doppeleckhaus, fünf Geschosse hoch und über 100 Jahre alt, war dann Ausgangspunkt für die Umsetzung des Vorhabens. In enger Zusammenarbeit zwischen Architekt und den späteren Bewohnern entstanden im Dachgeschoß insgesamt sieben zwischen 50 und 200 Quadratmeter große Maisonettewohnungen mit rund 500 Quadratmetern Dachgärten und -terrassen. Sie liegen geschützt hinter den von außen weitestgehend erhaltenen Dachflächen rings um den Gebäudeinnenhof. Im Rahmen des Planungsprozesses hatten die Bewohner sich zudem intensiv kennengelernt und gemeinsam den Wunsch entwickelt, über die privaten Freiräume hinaus auch eine gemeinsam nutzbare Freifläche anzulegen. So entstand auf dem zweiten Dachgeschoß zusätzlich ein für alle zugängliches Schwimmbecken mit Sonnenterrasse. Inzwischen eingewachsen und über zehn Jahre genutzt, ist die Grünoase hinter der Dachschräge nur äußeres Zeichen einer bestens funktionierenden Nachbarschaft. Selbst der Architekt ist noch immer ein gerngesehener Gast.

Architekt: Heinz Lemberger, Wien

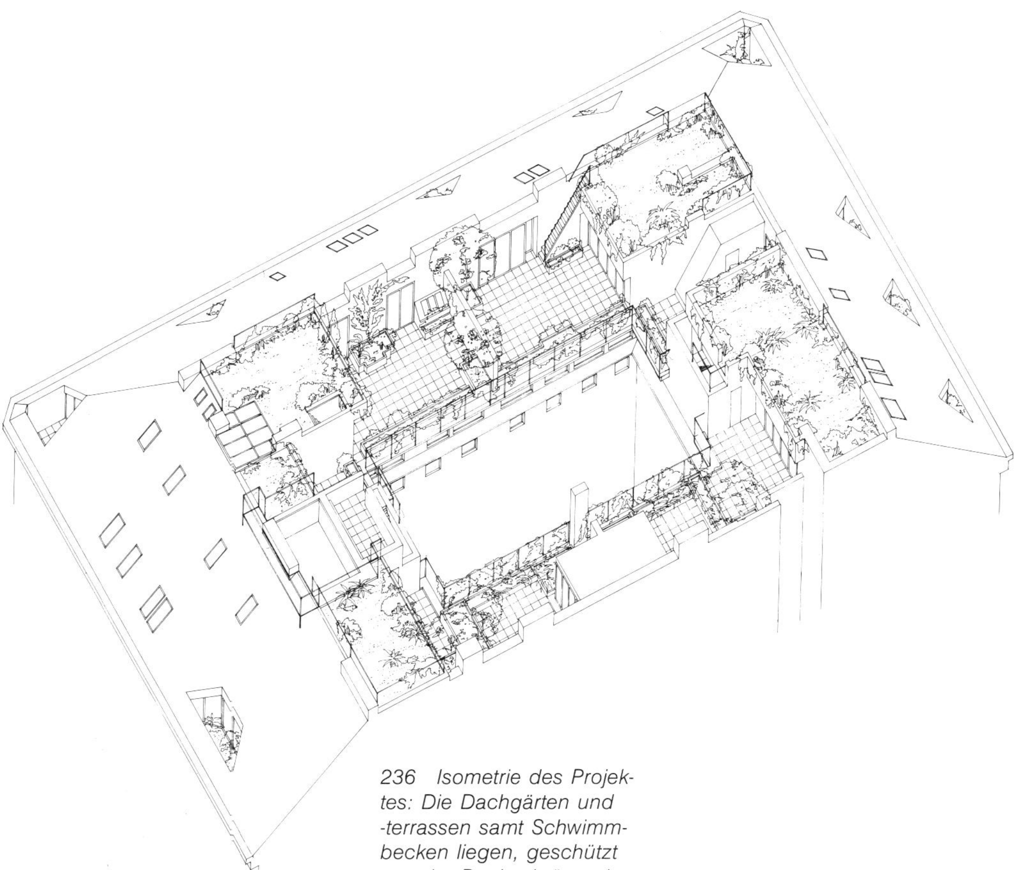

236 Isometrie des Projektes: Die Dachgärten und -terrassen samt Schwimmbecken liegen, geschützt von der Dachschräge, rings um den zentralen Innenhof.

237 Ein Traum mitten in der Stadt: Wohnen über den Dächern von Wien mit Gärten und Blick auf den Stephansdom.

238 Manche der Dachgärten ziehen sich über zwei Etagen; die Mauern ringsum schaffen ein für Mensch und Pflanzen angenehmes Kleinklima.

239 *Die mit einer Brücke verbundenen und von Zeltdächern überdachten Balkone liegen noch über den Kronen der Bäume.*

240 *Punktuell aufgestellte Kübelpflanzen schaffen unter einem Zeltdach einen laubenähnlichen Effekt.*

EIN LUFTIGER FREISITZ MIT BLICK INS GRÜNE

Wer wünscht sich das nicht: Mitten in der Stadt ungestört mit Blick ins Grüne zu wohnen? Bei dieser Wohnung im Dachgeschoß eines sechsgeschossigen Wohnhauses in München-Schwabing scheint dieser Traum erfüllt. Entstanden aus dem Umbau einer ehemaligen Hausmeisterwohnung samt angrenzendem Speicher, öffnet sie sich mit einem filigran gestalteten Freisitz und Blick auf den alten Nördlichen Friedhof nach Südwesten. Zwei vor dem Umbau bereits vorhandene Balkone wurden dabei über eine leichte Stahlkonstruktion aus Gitterrosten verbunden und so ohne große Eingriffe in die Dachhaut zu einer großen Dachterrasse ausgebaut. Gefaßt von einem weiß gestrichenen Geländer aus Drahtgitter, scheint die Konstruktion fast über dem Haus zu schweben. Zwei leichte, auf einer einfachen Grundkonstruktion aus Stahlrohren aufliegende Zeltdächer verstärken diesen Eindruck. Punktuell in Kästen und Kübeln aufgestellte Pflanzen, die automatisch bewässert werden, akzentuieren die luftigen Dachbalkons. Durch Sonne, Wind und Wetter sind die Pflanzen in dieser Höhe und Exposition allerdings großen Belastungen ausgesetzt. Bisher haben sich neben einjährigen Balkonpflanzen, Strauchrosen der Sorte »Schneewittchen« und Wildem Wein auch Lorbeerbäume gut bewährt; sie werden zum Überwintern ins Treppenhaus gestellt.

Architekt: Helmut Hastreiter, München

241 *Eine leichte Stahlkonstruktion verbindet die beiden Balkone; gleiche Gitterelemente wie am Geländer liegen vor der Dachschräge und dienen dort als Sonnenliege.*

242 *Jeder Wohnung der steil nach Süden geneigten Fassade des Solarhauses sind breite Dachterrassen vorgelagert.*

VON JAPANISCHER GARTENKUNST INSPIRIERT

Dieser Dachgarten im oberbayerischen Ebersberg ist mindestens so ungewöhnlich wie das Solarhaus, in dessen steil nach Süden geneigter Fassade er liegt. Er verdankt seine Entstehung unter anderem der Tatsache, daß die späteren Eigentümer schon an der Planungsphase des Hauses beteiligt waren und dabei auch genau wußten, was sie wollten. Angeregt von einem früheren Aufenthalt in Fernost, sollte die rund 60 Quadratmeter große Dachterrasse vor allem der Meditation dienen und in Anlehnung an japanische Teegärten gestaltet werden. Große Fensterflächen mit Schiebetüren schaffen dabei einen fließenden Übergang zwischen Garten und Wohnung. Den Dachgarten erreicht man über zwei kleine, dem Eßplatz und dem Schlafbereich vorgelagerte Wintergärten; einer von ihnen ist als japanischer Teeraum gestaltet und genutzt. Auf Holzstegen tritt man dann in den Garten; sie sind so breit, daß man sich dort auch sonnen oder sitzen kann, und überbrücken zugleich einen aus Kieseln gestalteten symbolischen Bachlauf. Gespeist von einem Rohrbrunnen aus Bambus, fließt auch wirklich Wasser in einen kleinen Teich. Mit bis zu 30 Zentimetern hohen Erdaufschüttungen kleinteilig modelliert, ist der Dachgarten mit vorwiegend in Fernost heimischen Arten bepflanzt: Bambus, Chinaschilf, Efeu, verschiedene Farne, japanische Iris und Waldreben. Bedingt durch die sonnige Südlage, mußte Rasen anstelle von Moos als Bodendecker angelegt werden, und unter dem weitauskragenden Dach wachsen Lavendel und Walderdbeeren.

Planung und Ausführung: Waltraud Günther-Weber + Hans Weber, Bamberg

243 *Durch eine Schiebetür gelangt man vom japanischen Teeraum zum Holzsteg und dann in den Garten.*

244 Die Halme des Chinaschilfes bilden einen lockeren Sichtschutz an einem der Holzstege; links der kleine Teich mit dem Rohrbrunnen aus Bambus.

245 In der Umgebung gesammelte Kiesel markieren den symbolischen Bachlauf, der sich über die ganze Breite der Terrasse schlängelt.

EIN DACHGARTEN
ALS ERSATZ FÜR EINEN GARTEN

246 Isometrie des Projektes mit dem Dachgarten auf dem alten Kellergewölbe und dem verbliebenen, nur fünf Meter tiefen Hofraum.

Beim Umbau eines Fachwerkhauses in Hofgeismar wurde der hintere Teil des Daches über einem Sandsteingewölbekeller zurückgenommen und so Platz für eine Dachterrasse geschaffen. Der Dachgarten ist dabei freilich nur Ersatz für den ursprünglich hinter dem Haus gelegenen großen Garten (dieser fiel einem Parkplatz für die neue Fußgängerzone zum Opfer). Die Vorstellungen der Besitzer zur Gestaltung des Dachgartens sowie des seitlich anschließenden Hofes standen dabei ganz unter dem Eindruck dessen, was einmal der Garten war: ein dicker Walnußbaum, Obst- und Beerenbüsche, eine Wiese und

247 Hoch auf und teils auch hinter der Mauer: die Laube.

248 Die mit Knöterich eingewachsene Brüstung (links) sowie die als Sitzplatz genutzte Laube mit Spalier (hinten) rahmen das von einer niedrigen Buchsbaumhecke gefaßte Nutz- und Zierbeet. Auf der mit Sandsteinplatten belegten Terrassenfläche sorgen in alten Fässern stehende Kübelpflanzen wie etwa Palmen für ein grünes Ambiente.

Gemüseland. Bedingt durch den begrenzten Raum konnte allerdings nur ein Teil davon realisiert werden: Beeren und Gemüsebeet zwischen Haus und Schuppen, eine grüne Abgrenzung zum Parkplatz sowie einige Blumen und Kräuter auf dem Dach. Denn durch das massive Kellergewölbe war es möglich, einen Teil der neuen Dachterrasse als »Wanne« zu vertiefen, mit 80 Zentimeter Boden aufzufüllen und dort ein Nutz- und Zierbeet anzulegen. Gefaßt von einer kleinen Buchsbaumhecke, hat sich die Beetbepflanzung ganz nach Bedarf und Geschmack der Besitzer bis heute mehrfach gewandelt. Die restlichen Flächen der neuen Dachterrasse wurden mit Sandsteinplatten belegt und zum Schutz vor Wind und Einblicken mit einem bepflanzten Spalier versehen. Dieses verbindet zugleich das Haus mit der Laube, die bereits von den Architekten an ihrem jetzigen Standort geplant war.

Architekten: Jochem Jourdan + Bernhard Müller, Frankfurt
Landschaftsarchitekt: Helmut Böse-Vetter, Kassel

EIN WASSERGARTEN AUF DEM DACH

249 Ein buntes Potpourri aus Blumen, Gräsern und Schilf, Laub- und Nadelbäumen rahmt einen mit Holzplanken belegten Sitzplatz, von dem aus eine Leiter zur nächsten Dachterrasse führt.

Im ohnehin schon regenreichen und nassen Bergischen Land gibt es in Forsbach ein Haus mit einem Wasserdachgarten, gebaut 1968/69 und seither bewohnt von der Künstlerin Mary Bauermeister. Die Flachdächer mit »Wasserfüllung« sind als Wärmeisolation sowohl für den Winter als auch für den Sommer gedacht. Die erste Dichtung aus dreilagiger Dachpappe wurde allerdings nach etwa 13 Jahren undicht, die zweite Dichtung mit Folie steht jetzt zur Sanierung an. Als Schwachpunkte haben sich die seitlichen Anschlüsse herausgestellt, die besonders durch Frost und in der Auftauphase gefährdet sind.

250 Da das Haus von vielen großen Bäumen umgeben ist, werden die Wasserbecken regelmäßig entlaubt und entschlammt.

251 Trittplatten aus Baumscheiben machen es möglich, die Wasserflächen trockenen Fußes zu überqueren.

Zum Schutz legt die Besitzerin eine 10-20 cm dicke Strohschicht im Winter an die Ränder. Probleme für die Dachhaut bereiten auch die Wurzeln einiger vitaler Pflanzen, die aus den Kübeln herauswachsen (Schilfgräser, Binsen und Bambussorten). Es ist nämlich nicht bei der rein technisch begründeten Wasserfüllung geblieben – Frau B. hat die Wasserdächer als Gärten entdeckt und nach und nach mit einer Fülle unterschiedlichster Gehölze, Stauden, Gräser und Sommerblumen in Töpfen und Kübeln besetzt. Auf Holzrosten entstanden Sitzplätze, Baumscheiben liegen als hölzerne Trittplatten im Wasser, Leitern verbinden die verschiedenen Dachebenen. An ausgewählten Punkten stehen gläserne Objekte der Künstlerin, dreieckige Säulen unterschiedlicher Länge, die das Licht der Sonne in die Farben des Regenbogens zerlegen und faszinierende, immer neue Wirkungen erzeugen. Die Dachgärten sind Orte der Ruhe und stiller Betrachtung, hierhin ziehen sich Bewohner und Gäste zurück. Die Wunde, die der Natur durch den Bau des Hauses geschlagen wurde, wird hier durch ein Stück gestalteter Natur wieder gutgemacht.

Architekt: Erich Schneider-Wessling, Köln

252 *Hofseitig orientiert: Kleine, mit einem leichten Segeldach überdeckte Dachterrassen vor den Dachwohnungen im Vordergebäude.*

EIN DACHGARTEN FÜR ALLE HAUSBEWOHNER

Lange standen sie leer, galten mit Blick auf Funktion und Kosten als kaum sanierbar: Ein 1825 errichtetes, großteils unter Denkmalschutz stehendes Vorderhaus und - getrennt davon durch einen kleinen Hof - ein Ende des 19. Jahrhunderts dahintergebautes Fabrikgebäude in Wien. Erst eine Eigentümergemeinschaft wagte sich dann an eine Totalsanierung, in deren Verlauf insgesamt 13 Wohnungen und mehrere Geschäftsräume eingebaut wurden. Da der kleine Hof als Freifläche für die Hausgemeinschaft nicht ausreichte, wurde das Dach des teilweise über die umliegende Bebauung ragenden Hofgebäudes dazu genutzt, dort einen für alle zugänglichen Dachgarten anzulegen. Dazu wurden etwa zwei Drittel des alten Pultdaches, die baufällig waren, abgebrochen; im erhaltenswerten Drittel auf dem Nordflügel wurden ein Gemeinschaftsraum samt Sauna eingebaut. Von dort erreicht man über eine kleine Terrasse den neuen Dachgarten. Im Grundriß L-förmig über dem Mitteltrakt und Südflügel gelegen, ist er als Liegewiese mit zwei Sitzplätzen gestaltet. Als Brüstung dient die frühere Feuermauer: Sie ist teils bis auf 60 Zentimeter Höhe abgebrochen, während die Stützlisenen als 2,20 Meter hohe Pfeiler stehenblieben; zwischen sie ist Maschendraht als Rankgerüst gespannt. Pfeiler und Mauerreste sind in polychromen Farben gestrichen und stehen so in einem wirkungsvollen Kontrast zum Grün der Liegewiese.

Architekten: Rüdiger Lainer + Gertraud Auer, Wien

253 *Schnitt durch Vorder- und Rückgebäude nach dem Umbau: Hoch über dem Hof liegt der neue Dachgarten.*

254 *Auf dem Mitteltrakt des Hofgebäudes: Die große Liegewiese mit Sitzplatz, zu dem ein kleiner Kiesweg führt.*

255 *Blick vom Sitzplatz auf dem Südflügel zum Sitzplatz auf dem Mitteltrakt, dahinter ein Rest der früheren Feuermauer.*

256 *Im Kölner Severinsviertel: 120 neue Wohnungen im umgebauten Anno-Riegel der stillgelegten Stollwerck-Fabrik.*

NEUES AUF EINEM ALTEN GEBÄUDE

Es wird immer schwieriger und teurer, in Städten Baugrund zu ergattern - es gibt zuwenig davon. Ein Ausweg ist, bereits bebaute Grundstücke umzunutzen, neue Wohnungen in alte Gebäude einzubauen. Die stillgelegte Stollwerck-Fabrik in Köln ist dafür ein Beispiel. 140 Meter lang und 22 Meter hoch, sollte der Koloß vor Jahren eigentlich abgerissen werden, nachdem die Firma ins Industriegebiet am Stadtrand umgezogen war. Nach Plänen des Kölner Architektenteams »dt 8« wurde dann jedoch ein Teil des Gebäudes, der sogenannte Anno-Riegel, saniert und dort 120 Wohnungen zwischen 45 und 120 Quadratmetern eingebaut. Dieses Penthouse, fünf Etagen hoch über dem ehemaligen Werkstor gelegen, ist eine davon. Es öffnet sich mit einer zweigeschossigen Fensterfront nach Süden zum sonnigen Dachgarten. Über breite Fenstertüren und drei Stufen erreichbar, verdoppelt er den Wohnraum auf 80 Quadratmeter. Gerahmt von einer leichten Pergola aus Stahlrohren, stehen dort nicht nur diverse Kübelpflanzen, sondern wachsen im Hochbeet auch Blumen, Gräser, Stauden und einige Gehölze. Der Knöterich vor der Glasfassade ist als natürlicher Sonnenschutz gepflanzt und wird dem mit Holzplanken belegten Sitzplatz bald ein grünes Dach geben.

Architekt: Bernd Sammeck, Köln

257 *Blick vom Wohnraum über den Sitzplatz nach Süden. Das Pflanzbeet, Wilder Wein an der Wand und Knöterich, an Spanndrähten gezogen, schaffen einen grünen Rahmen.*

258 Mit Grün mitten in der Großstadt wohnen: Das Penthouse mit Dachgarten an der Südseite des sanierten Anno-Riegels.

259 Blick von der Dachwiese über das tieferliegende Schwimmbecken zur Karlskirche.

260 Hoch über den Dächern von Wien: Eine ganz private Welt aus Licht, Luft, Pflanzen und Wasser.

BADEN UND SONNEN AUF DEM DACH

Mitten in Wien, nahe der Karlskirche und rund 25 Meter über dem Straßenniveau, liegt dieser Dachgarten mit Schwimmbecken. Insgesamt 140 Quadratmeter groß, krönt er eine großzügig geschnittene Atelierwohnung, die sich über insgesamt fünf Ebenen erstreckt. Den höchsten Punkt markiert eine von Gehölzen gerahmte Dachwiese. Im Aufbau nur 15 Zentimeter hoch, wird sie von einer automatischen Berieselungsanlage mit Wasser versorgt. Rund 1,5 Meter tiefer gibt es ein 6 x 3 Meter großes Schwimmbecken, in dem man mit Blick auf Karlskirche und Stadt baden und schwimmen kann. Wiederum etwa 1,5 Meter tiefer liegt ein rund 50 Quadratmeter großes Dachatrium, von dem man niveaugleich über Atelier und Wohnraum in die oberste Wohnebene gelangt. Von den Innenräumen nur durch vollflächige Fensterscheiben und -türen getrennt, dient es gleichzeitig deren Belichtung. Nur so war es möglich, die großen Dachflächen des unter Denkmalschutz stehenden, inzwischen rund 125 Jahre alten Gebäudes zu erhalten.

Architekt: Heinz Lemberger, Wien

261 Schnitt durch die oberen Ebenen der Atelierwohnung mit dem Dachatrium im Zentrum.

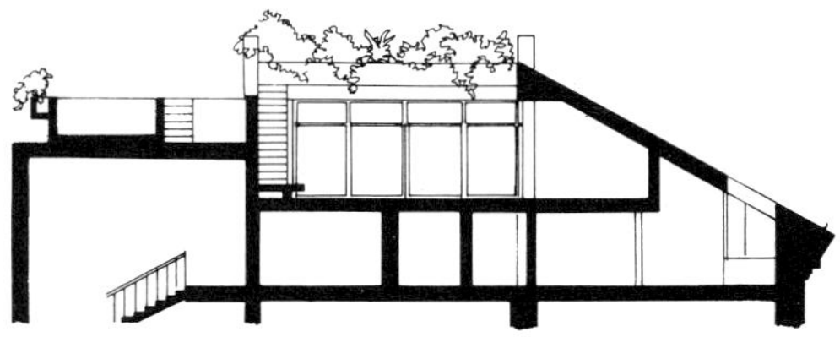

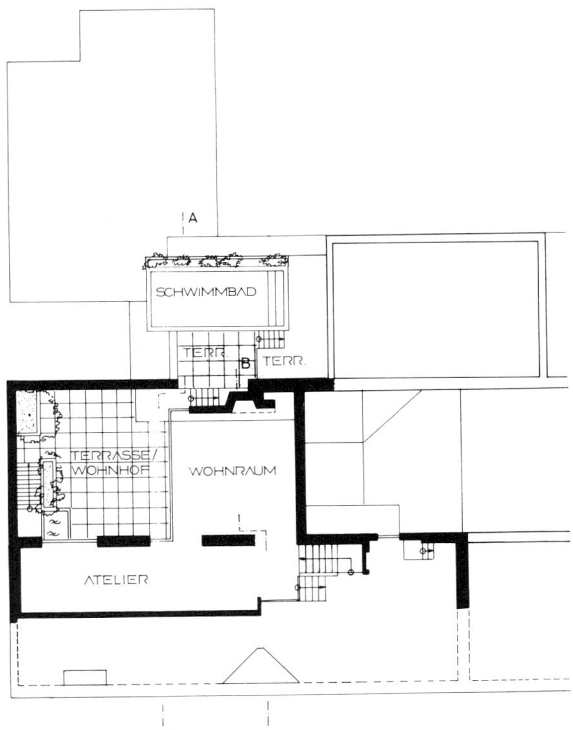

262 Die einzelnen Ebenen des Daches liegen unterschiedlich hoch und sind über Treppen miteinander verbunden.

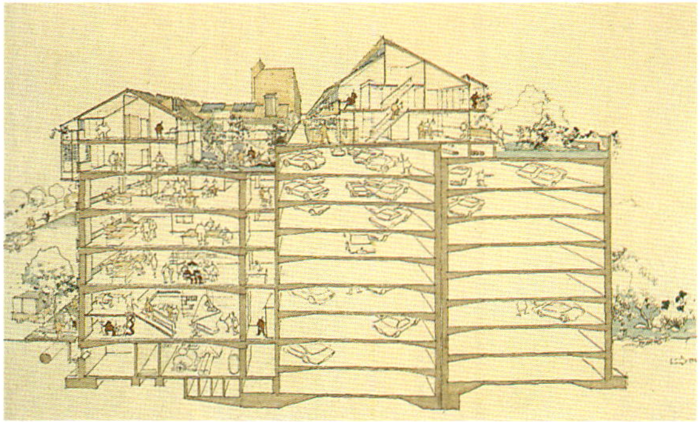

263 Schnitt durch den Baukörper: Die Reihenhäuser mit Dachgärten liegen über dem Parkhaus, die Maisonettewohnungen mit begrünten Atrien über Büro- und Geschäftsräumen.

26 GÄRTEN AUF EINEM DACH

264 Von Holzpergolen überstellt sind die Übergangsbereiche zwischen Erschließungsweg und Reihenhäusern.

Die von der Lage her vielleicht exklusivste Reihenhaussiedlung, die man sich vorstellen kann, steht auf dem Dach eines Parkhauses in Karlsruhe. Dieses gehört zum Dörfle, einem der größten Sanierungsgebiete der Republik. Insgesamt sind es dreizehn Reihenhäuser, zu denen ein jeweils rund 50 Quadratmeter großer Dachgarten gehört. Von Süden nach Norden leicht terrassiert ansteigend, variiert auch die Höhe des aufgebrachten Bodens von 60 bis 100 Zentimeter Mächtigkeit. Entsprechend gut gedeiht dort eine Vielzahl unterschiedlicher Pflanzenarten, zum Beispiel Kiwis vor den Balkonen oder jede Menge Blüten- und Ziersträucher in den Gärten. Aber das ist noch nicht alles: Auf dem gleichen Dach finden sich zudem dreizehn Maisonettewohnungen, die sich jeweils zu kleinen Innenhöfen hin öffnen. Sie liegen westlich des zentralen Weges, von dem aus die Reihenhäuser über kleine vorgelagerte Terrassen erschlossen werden.

Architekten: Gernot Kramer, Rudolf Wiest + Partner, Karlsruhe
Landschaftsarchitekt: Werner Jeuter, Karlsruhe

265 + 266 Kurz nach Fertigstellung der Häuser im Jahr 1980 (oben) und nur zehn Jahre später: Die Pflanzen haben sich üppig entwickelt, aus Dachterrassen sind Dachgärten geworden.

ANHANG

VERZEICHNIS DER ARCHITEKTEN, LANDSCHAFTSARCHITEKTEN UND PLANER

Die Ziffern in Klammern verweisen auf die Projektseiten.

Professor Hinrich Baller + Doris Piroth
(82 + 83, 84 + 85, 86 + 87)
Lietzenseeufer 8
1000 Berlin 19

Professor Inken Baller
(84 + 85)
Hasenheide 92
1000 Berlin 61

Mary Bauermeister
(146 + 147)
Hedwigshöhe 31
5062 Forsbach

Dr. Reiner M. Baumann
(48 + 49)
Lutzenbrunnen 41
7119 Niedernhall

Dr. Rudi Baumann
(52 + 53)
Kothwieselweg 8
8491 Grafenwiesen

Anke Bertram
(104 + 105)
Jakobsstraße 7
3000 Hannover 91

Dietrich von Beulwitz
(90 + 91)
Köpenicker Str. 154a
1000 Berlin 36

Helmut Böse-Vetter
(144 + 145)
Elfbuchenstraße 16
3500 Kassel 1

Franz Dirtheuer + Johann Ebe
(70 + 71)
Jahnstraße 46
8000 München 5

Manfred Drum/Urbanes Wohnen
(97)
Bauerstraße 19
8000 München 40

dt 8 Planungsgruppe
(150 + 151)
Kirchstraße 13
5000 Köln 50

Wolf Eglinger
(68 + 69)
Mannhardtstraße 4
8000 München 22

Felix-Hennel-Grimke & Partner
(80)
Augartenstraße 40
7500 Karlsruhe

Dietrich Fink + Dr. Thomas Jocher
(40 + 41)
Barer Straße 44
8000 München 40

Herbert Fröhlich
(64)
Marie-Alexandra-Straße 12
7500 Karlsruhe

Manfred Garbe
(96)
Rampenstraße 7a
3000 Hannover

Gerd Gassmann
(34 + 35)
Amthausstraße 19
7500 Karlsruhe 41

Heinz-Dieter Gerharz + Michael R. Frank (63)
Salinenstraße 135
6550 Bad Kreuznach

Ernst Giselbrecht
(46 + 47)
Sparkassenplatz 2/III
A-8010 Graz

Karlheinz Greim
(106 + 107)
Martinlamitzer Straße 22
8670 Schwarzenbach/Saale

Gruppe 3 / Herfried Peyker, Werner Nussmüller, Nikolaus Schuster
(42 + 43)
Zinzendorfgasse 1
A-8010 Graz

Waltraud Günther-Weber
(142 + 143)
Oberer Stephansberg 2
8600 Bamberg

J. Haack + P. Krüger (94)
Siegesstraße 12
3000 Hannover

Helmut Hastreiter
(140 + 141)
Adalbertstraße 94
8000 München 40

Gottfried Herz
(108 + 109)
Gut Rösselberg
8132 Tutzing

Professor Herman Hertzberger
(82 + 83)
Vossiusstraat 3
NL-1071 AB Amsterdam

Ulrich Heubach
(95)
Baumbachstraße 5
3000 Hannover 1

Werner Jeuter
(114 + 115, 116, 117, 136 + 137, 154 + 155)
Pascalstraße 9
7500 Karlsruhe 1

Jochem Jourdan + Bernhard Müller
(144 + 145)
Leipziger Straße 15
6000 Frankfurt/Main 90

Kuno Kärcher
(120 + 121)
Hans-Thoma-Straße 2
7505 Ettlingen

Dieter Klävers
(92 + 93)
Blumenhagenstraße 9
3000 Hannover 1

Thomas Klumpp
(130 + 131)
Knochenhauerstraße 13
2800 Bremen

Heinz Knecht
(134 + 135)
Hallstraße 11
8900 Augsburg

Ivan Kozjak
(122)
Glockseestraße 1
3000 Hannover 1

Professor Gernot Kramer, Rudolf Wiest + Partner (154 + 155)
Jahnstraße 1
7500 Karlsruhe

Professor Rüdiger Kramm + Axel Strigl
(76 + 77)
Arheilger Straße 46
6100 Darmstadt

Professor Per Krusche
(64 + 65)
Mühlenpfortstraße 22-23
3300 Braunschweig

Rüdiger Lainer
(148 + 149)
Reisnerstraße 41
A-1030 Wien

Eva-Maria + Robert Langensteiner
(81, 114 + 115)
Vordersteig 58
7505 Ettlingen

Peter Leitzmann
(127)
Rehsteig 5a
8000 München 50

Heinz Lemberger
(138 + 139, 152 + 153)
Schwindgasse 14
A-1040 Wien

Cordula Loidl-Reisch
(123)
Lindengasse 5-7
A-1070 Wien

Rudolf Meißner
(64+65)
Rosengasse 7
8481 Waldthurn

Hartmut Mumme
(68 + 69, 125)
Gundelindenstraße 5
8000 München 40

Georg Penker
(118 + 119, 132 + 133)
Brahmsstraße 11
4040 Neuss 1

Hubert Rettich + Professor Dr. Burkhard Weinges (100 + 101)
Ostwender Straße 3
3000 Hannover 1

Bernd Reumann + Eva Nuytten
(60 + 61)
Türkenstraße 71
8000 München 40

Hubert Rieß
(88 + 89)
Wienerstraße 6
A-8020 Graz

Bernd Sammeck
(150 + 151)
c/o Kölner Planwerkstatt
Cornelius-Straße 2
5000 Köln 1

Eike Schmidt + Gerrit Stahr
(37)
Montgelasstraße 8
8000 München 80

Professor Erich Schneider-Wessling
(58 + 59, 146 + 147)
Aachener Straße 24
5000 Köln 1

SEP Jochen Baur + Professor Patrick Deby
(74 + 75)
Clemensstraße 30
8000 München 40

Gaby Slipek + Hausgemeinschaft
(112 + 113)
Kollenrodtstraße 10a
3000 Hannover 1

Claus Steffan
(58 + 59)
Herzogstraße 41
8000 München 40

Professor Otto Steidle + Partner
(74 + 75)
Genter Straße 13
8000 München 40

Brigitte + Martin Streb
(128 + 129)
Holsteinischer Kamp 104
2000 Hamburg 76

Helmut Streit + Partner
(38)
Marktplatz 18
8392 Waldkirchen

Professor Dr. Peter Stürzebecher
(50 + 51)
Grolmannstraße 51
1000 Berlin 12

Michael Szyszkowitz + Professor Karla Kowalski (54 + 55, 56 + 57, 78 + 79, 126)
Elisabethstraße 52
A-8010 Graz

Falk von Tettenborn
(66 + 67, 72 + 73)
Säulingstraße 25
8000 München 21

Peter Völkner + Partner (62)
Breisacherstraße 17
8000 München 80

Bernd Weigel (124)
Voglergasse 7
7570 Baden-Baden

Manfred Weiß
(102 + 103)
Badenstedter Straße 23
3000 Hannover 91

Paul Werr + Siegrun Reuter
(44 + 45, 110 + 111)
Eppsteiner Straße 36
6000 Frankfurt/Main 1

Gunter Willems (39)
Ruhrstraße 77
4300 Essen-Kettwig

Hartmut Zabel (95)
Im Eichholz 33
3000 Hannover 51

Christel Ziegler-Schreiber
(136 + 137)
Bienleintorstraße 13
7500 Karlsruhe 41

LITERATUR

Baumann, Rudi: Begrünte Architektur - Bauen und Gestalten mit Kletterpflanzen. München 1983, 1985.

Binger, Lothar und Susann Hellemann: Von Balkon zu Balkon - Berliner Balkongeschichte(n). Berlin 1988.

Brettschneider, Walter: Obstbäume in Töpfen. Stuttgart 1984, 1989.

Dittmer, Werner: Der Nutzgarten auf dem Balkon - Obst, Gemüse, Kräuter. München 1988.

Ernst, Wolfgang: Dachabdichtung - Dachbegrünung, Bochum 1992

Forschungsgesellschaft Landschaftsentwicklung - Landschaftsbau e. V. (Hrsg.): Grundsätze für Dachbegrünungen. Schriftenreihe der FLL. Bonn 1982, 1984, 1986.

Forschungsgesellschaft Landschaftsentwicklung - Landschaftsbau e. V. (Hrsg.): Richtlinien für die Planung, Ausführung und Pflege von Dachbegrünungen, Bonn 1990.

Frenz, Friedrich-Wilhelm u. a.: Balkon- und Terrassengärten. München 1983.

Haberer, Martin: Blütenpracht auf Balkon und Terrasse. Niedernhausen 1989.

Handwerkspflege in Bayern (Hrsg.): Balkone. Schriftenreihe der Handwerkspflege in Bayern. München 1991.

Hertz, Halina: Balkon- und Kübelpflanzen. So blühen und so grünen sie am schönsten. München 1991.

Hoffmann, Ot: Handbuch für begrünte und genutzte Dächer. Leinfelden-Echterdingen 1987.

Hofmann, Reinhild, Jürgen Wolff, Gisela Zinkernagel: Balkon und Terrasse. Stuttgart 1992.

Hoor, Dieter und Holger Reiners: Der Dachausbau - Neue Wohnräume unterm Dach. München 1991.

Jacobi, Karlheinz: Balkon und Terrasse. München 1992.

Jantra, Helmut: Kleine Gartenparadiese auf Balkon, Terrasse und Dachgärten wirkungsvoll gestalten. Niedernhausen 1991.

Kerschbaumer, Valentin: Holzbalkone im architektonischen, funktionalen und gestalterischen Zusammenhang. Stuttgart 1991.

Köchel, Christoph und Maria: Kübelpflanzen - der Traum vom Süden. München 1990.

Krinner, Claudia: Begrünen von Haus und Balkon. München 1989.

Krupka, Bernd: Dachbegrünung. Pflanzen- und Vegetationsanwendung an Bauwerken. Stuttgart 1992.

Lauter, Wolfgang: Balkone. Freiräume unter'm Himmel. Dortmund 1986.

Liesecke, Hans-Joachim u. a.: Grundlagen der Dachbegrünung. Zur Planung, Ausführung und Unterhaltung von Extensivbegrünungen und einfachen Intensivbegrünungen. Berlin-Hannover 1989.

Linhardt, Achim u. a.: Kosten- und flächensparendes Bauen. München 1983, 1984.

Nengelken, Peter: Der Garten auf dem Balkon. Stuttgart 1987.

Nengelken, Peter: Dachgärten. München 1989.

Ohlwein, Klaus: Dachbegrünung ökologisch und funktionsgerecht. Augsburg 1984, 1989.

Pracht, Klaus: Balkone, Terrassen und Freiräume. Planung und Gestaltung. Stuttgart 1984.

Pracht, Klaus: Wohnhaus-Dächer. Formen, Materialien, Konstruktionen und Ausbau. Stuttgart 1989.

Präkelt, Werner und Helga Öttl-Präkelt: Balkone und Terrassen. Planen und Ausführen. Köln 1991.

Reiche, Dieter: Dachbegrünung einfach und dauerhaft. Berlin 1991.

Recht, Christine: Kübelpflanzen, München 1991.

*Ronner, Heinz:*Haus-Dächer. Baukonstruktion im Kontext des architektonischen Entwerfens. Basel 1991.

Schild, Erich u. a.: Schwachstellen - Flachdächer, Dachterrassen, Balkone. Wiesbaden 1976, 1987.

Stifter, Roland: Dachgärten - Grüne Inseln in der Stadt. Stuttgart 1988.

Zentralverband des Deutschen Dachdeckerhandwerks (Hrsg.): Richtlinien für die Planung und Ausführung von Dächern mit Abdichtungen. Köln 1982.

BILDNACHWEIS

Die Ziffern verweisen auf die Bildnummern.

Seite 2 Friedrich Strauß, Au/Hallertau
1 Rüdiger Weddige
2 Wolfram Stehling, Hamburg
3 Zeichnung: Rüdiger Weddige
4 Zeichnung: Rüdiger Weddige
5 Zeichnung: Rüdiger Weddige
6 Zeichnung: Rüdiger Weddige
7 Zeichnung: Rüdiger Weddige
8 Margit Büttner, München
9 Karl Ludwig
10 Zeichnung: Rüdiger Weddige
11 Zeichnung: Rüdiger Weddige
12 Zeichnung: Rüdiger Weddige
13 Zeichnung: Rüdiger Weddige
14 Zeichnung: Rüdiger Weddige
15 Zeichnung: Rüdiger Weddige
16 Rainer Blunck
17 Karl Ludwig
18 Karl Ludwig
19 Karl Ludwig
20 Karl Ludwig
21 Karl Ludwig
22 Karl Ludwig
23 Karl Ludwig
24 Archiv Das Haus
25 Gerhard Knopp, München
26 Helmuth Baur-Callwey, München
27 Rüdiger Weddige
28 Karl Ludwig
29 Karl Ludwig
30 Werner Jeuter, Karlsruhe
31 Rüdiger Weddige
32 Friedrich Strauß, Au/Hallertau
33 Wolfram Stehling, Hamburg
34 Rüdiger Weddige
35 Friedrich Strauß, Au/Hallertau
36 Rüdiger Weddige
37 Karl Ludwig
38 Rüdiger Weddige
39 Rüdiger Weddige
40 Archiv Das Haus
41 Rüdiger Weddige
42 Das Haus/Rainer Blunck
43 Das Haus/Rainer Blunck
44 Sabine Tegtmeier, Hannover
45 Sabine Tegtmeier
46 Sabine Tegtmeier
47 Karl Ludwig
48 Karl Ludwig
49 Karl Ludwig
50 Zeichnung: Helmut Streit
51 Karl Ludwig
52 Das Haus/Reinhard Görner
53 Thomas Jocher, München
54 Thomas Jocher
55 Thomas Jocher
56 Archiv Gruppe 3, Graz
57 Karl Ludwig
58 Karl Ludwig
59 Karl Ludwig
60 Archiv Paul Werr + Siegrun Reuter, Frankfurt
61 Zeichnung: Paul Werr + Siegrun Reuter
62 Karl Ludwig
63 Ernst Giselbrecht, Graz
64 Zeichnung: Ernst Giselbrecht
65 Karl Ludwig
66 Zeichnung: Reiner M. Baumann
67 Das Haus/Otto/Ostermann
68 Das Haus/Otto/Ostermann
69 Das Haus/Otto/Ostermann
70 Rainer F. Stocké
71 Rainer F. Stocké
72 Rainer F. Stocké
73 Karl Ludwig
74 Karl Ludwig
75 Karl Ludwig
76 Zeichnung: Rudi Baumann
77 Karl Ludwig
78 Skizze: Michael Szyszkowitz + Karla Kowalski, Graz
79 Karl Ludwig
80 Karl Ludwig
81 Karl Ludwig
82 Karl Ludwig
83 Archiv Szyszkowitz + Kowalski, Graz
84 Karl Ludwig
85 Zeichnung: Szyszkowitz + Kowalski
86 Zeichnung: Erich Schneider-Wessling
87 Desirée Schneider, Köln
88 Zeichnung: Erich Schneider-Wessling
89 Desirée Schneider, Köln
90 Zeichnung: Bernd Reumann + Eva Nuytten
91 Karl Ludwig
92 Karin Reumann, München
93 Karl Ludwig
94 Nicola Völkner, München
95 Zeichnung: Peter Völkner
96 Das Haus/Wolfgang Schwager
97 Das Haus/Wolfgang Schwager
98 Zeichnung: Per Krusche
99 Karl Ludwig
100 Karl Ludwig
101 Karl Ludwig
101 Karl Ludwig
102 Zeichnung: Falk von Tettenborn, München
103 Das Haus/Margret Paal
104 Karl Ludwig
105 Das Haus/Margret Paal
106 Archiv Das Haus
107 Karl Ludwig
108 Karl Ludwig
109 Zeichnung: Franz Dirtheuer + Johann Ebe
110 Karl Ludwig
111 Das Haus/Robert Frische
112 Das Haus/Robert Frische
113 Das Haus/Robert Frische
114 Das Haus/Robert Frische
115 Patrick Deby, München
116 Karl Ludwig
117 Karl Ludwig
118 Karl Ludwig
119 Karl Ludwig
120 Karl Ludwig
121 Karl Ludwig
122 Karl Ludwig
123 Archiv Szyszkowitz + Kowalski, Graz
124 Karl Ludwig
125 Karl Ludwig
126 Karl Ludwig
127 Josef Gehrlein, Speyer
128 Reinhard Lied, Speyer
129 Karl Ludwig
130 Karl Ludwig
131 Zeichnung: Hinrich + Inken Baller
132 Karl Ludwig
133 Karl Ludwig
134 Karl Ludwig
135 Karl Ludwig
136 Karl Ludwig
137 Skizze: Hinrich + Inken Baller
138 Karl Ludwig
139 Karl Ludwig
140 Karl Ludwig
141 Karl Ludwig
142 Karl Ludwig
143 Karl Ludwig

144 Oberwalder/Hubert Rieß
145 Zeichnung: Hubert Rieß
146 Helmut Tezak, Graz
147 Dietrich von Beulwitz, Berlin
148 Karl Ludwig
149 Gerhard Ullmann, Berlin
150 Zeichnung: Dieter Klävers
151 Rüdiger Weddige
152 Rüdiger Weddige
153 Rüdiger Weddige
154 Rüdiger Weddige
155 Rüdiger Weddige
156 Rüdiger Weddige
157 Rüdiger Weddige
158 Manfred Drum, München
159 Manfred Drum
160 Rüdiger Weddige
161 Rüdiger Weddige
162 Rüdiger Weddige
163 Rüdiger Weddige
163 Rüdiger Weddige
164 Rüdiger Weddige
165 Rüdiger Weddige
166 Rüdiger Weddige
167 Rüdiger Weddige
168 Rüdiger Weddige
169 Rüdiger Weddige
170 Rüdiger Weddige
171 Rüdiger Weddige
172 Zeichnung: Karlheinz Greim
173 Karl Ludwig
174 Karl Ludwig
175 Karl Ludwig
176 Zeichnung: Gottfried Herz
177 Das Haus/Bernhard Hagemann
178 Das Haus/Bernhard Hagemann
179 Das Haus/Bernhard Hagemann
180 Archiv Paul Werr + Siegrun Reuter, Frankfurt
181 Karl Ludwig
182 Paul Werr + Siegrun Reuter
183 Rüdiger Weddige
184 Rüdiger Weddige
185 Rüdiger Weddige
186 Rüdiger Weddige
187 Werner Jeuter, Karlsruhe
188 Werner Jeuter
189 Werner Jeuter
190 Werner Jeuter
191 Werner Jeuter
192 Zeichnung: Werner Jeuter
193 Werner Jeuter, Karlsruhe
194 Werner Jeuter
195 Helke Rodemeier, Köln
196 Zeichnung: Georg Penker
197 Helke Rodemeier, Köln
198 Karl Ludwig
199 Karl Ludwig
200 Karl Ludwig
201 Karl Ludwig
202 Rüdiger Weddige
203 Rüdiger Weddige
204 Zeichnung: Cordula Loidl-Reisch
205 Cordula Loidl-Reisch, Wien
206 Karl Ludwig
207 Bernd Weigel, Baden-Baden
208 Bernd Weigel
209 Friedrich Strauß, Au/Hallertau
210 Friedrich Strauß
211 Karl Ludwig
212 Archiv Szyszkowitz + Kowalski, Graz
213 Zeichnung: Szyszkowitz + Kowalski
214 Karl Ludwig
215 Karl Ludwig
216 Zeichnung: Peter Leitzmann
217 Antje-Katrin Hansen, Hamburg
218 Antje-Katrin Hansen
219 Antje-Katrin Hansen
220 Zeichnung: Thomas Klumpp
221 Rüdiger Weddige
222 Rüdiger Weddige
223 Rüdiger Weddige
224 Rüdiger Weddige
225 Zeichnung: Georg Penker
226 Zeichnung: Georg Penker
227 Helke Rodemeier, Köln
228 Helke Rodemeier
229 Das Haus/Bernhard Hagemann
230 Das Haus/Bernhard Hagemann
231 Das Haus/Bernhard Hagemann
232 Das Haus/Bernhard Hagemann
233 Werner Jeuter, Karlsruhe
234 Werner Jeuter
235 Werner Jeuter
236 Zeichnung: Heinz Lemberger
237 Heinz Lemberger, Wien
238 Heinz Lemberger
239 Helmut Hastreiter, München
240 Helmut Hastreiter
241 Helmut Hastreiter
242 Karl Ludwig
243 Karl Ludwig
244 Karl Ludwig
245 Karl Ludwig
246 Zeichnung: Helmut Böse-Vetter
247 Rüdiger Weddige
248 Rüdiger Weddige
249 Rüdiger Weddige
250 Rüdiger Weddige
251 Rüdiger Weddige
252 Karl Ludwig
253 Zeichnung: Rüdiger Lainer
254 Karl Ludwig
255 Karl Ludwig
256 Das Haus/Jens Willebrand
257 Das Haus/Jens Willebrand
258 Das Haus/Jens Willebrand
259 Roland Stifter, Wien
260 Roland Stifter
261 Zeichnung: Heinz Lemberger
262 Zeichnung: Heinz Lemberger
263 Karl Ludwig
264 Zeichnung: Gernot Kramer, Rudolf Wiest + Partner
265 Werner Jeuter, Karlsruhe
266 Karl Ludwig